イガリ化粧

イガリ化粧とは？

こんにちは。イガリシノブです。
この本を手に取ってくださり、ありがとうございます！

コンサバ５歩手前ってちょっと変わったキーワードでしょ？
ＶＯＣＥで〝アラサーイガリメイク〟をずっと追求していて、
あるとき〝ちょっとのコンサバ風味が大人をキレイにする！〟って気がついたんです。
いかにも大人の女～って感じのガチのコンサバじゃなく、
ふんわりやさしい女のコっぽさはきちんと残す。
女のコらしく可愛く盛り上げながら、大人っぽさをミックスしてあげる感じが、
アラサーの女性にはぴったりだなって。
コンサバになろうとする５歩くらい手前で、
ちょっと女っぽさアピールしちゃう？ って、
ワクワク盛り上がる気持ちをこのタイトルに込めました。
メイクには本当にいっぱいのワザがあるから、
この本ではとにかくベーシックなワザをきちんと見せることにこだわりました。
だからとにかく真似してほしい！
そして基本をマスターしたら、次は自分に合うメイクを探ってもらえたらと思います。
今の化粧品は進化しているから、プロじゃなくてもキレイにメイクできる。
プロが提案するメイクを完コピするだけじゃなく、
その人オリジナルのメイクがつくれる時代です。
だから顔の形や眉の形、目の形別のメイクのポイントも、
この本にはたっぷり盛り込みました！

今やファッションもいろいろなトレンドがあって、
あっちこっち向いてる時代。メイクも同じ！
基本的にはルールなんかなくて、好きなように楽しんでいい。
とはいえ大人になるにつれて、やっぱり悩みや迷いは出てくるわけで……。
どこを引いてどこを足したらいいのかわからない、
そんなメイクに悩む大人女子に、
この本が少しでもお役に立てばすごくうれしいです。

イガリシノブ

もくじ

楽しい
両開き仕立て

白リブニット¥8900／DRWCYS　デニム¥22000／カイタックインターナショナル（ヤヌーク）　ダッフルコート¥42000／アーバンリサーチ 渋谷ヒカリエ シンクス店（アーバンリサーチ）　バンダナ¥11000／フラッパーズ（マニプリ）

第一章

16アイテムで着回しメイク（曜日別）

働く女性にとって、今日が「何曜日」かということはテンションやムードに大きな差をもたらすはず。そんな曜日別のメイクを、16の限られたアイテムを使い回して、一人の女性の一週間を追う形で表現します。

曜日別の気分が表現できる！ 働く私の一週間を

A

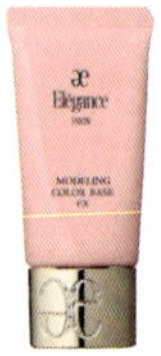

エレガンスのピンク下地

明るさを与え血色感ある女らしい肌に。SPF20・PA++。モデリング カラーベース EX PK100 30g ¥4500／エレガンス コスメティックス

B

SK-IIのCCクリーム

肌そのものを美しく見せてくれる仕上がり。SPF50+・PA++++。オーラアクティベーター CCクリーム 30g ¥8500(編集部調べ)／SK-II

C

イヴ・サンローランのリキッドファンデ

軽くフォギーな仕上がりでくずれにくい。SPF18・PA+++、全7色。タン アンクル ド ポー 25㎖ ¥6600／イヴ・サンローラン・ボーテ

D

イヴ・サンローランのハイライター

1992年のデビュー以来ベストセラーの筆ペンタイプのハイライター。ラディアント タッチ 2 ¥5000／イヴ・サンローラン・ボーテ

E

エスティ ローダーの眉パレット

明るめブラウンで自然な眉に。拡大鏡＆毛抜きつき。ブロー ナウ オール イン ワン ブロー キット 01 ¥4800／エスティ ローダー

F

ヴィセ リシェの眉ペンシル

1.7㎜の極細芯で眉尻まで自然に描ける。ヴィセ リシェ ソフト＆スリム アイブロウ ペンシル BR300 ¥800(編集部調べ)／コーセー

G

ルナソルのアイシャドウパレット

透けるような色と繊細なきらめき。ピンク系で女らしいまなざしを演出。ルナソル スパークリングアイズ 02 ¥5000／カネボウ化粧品

H

コスメデコルテのアイシャドウパレット

しっとりまぶたになじんでハリ感ある目元へ。クールなベージュ系。AQ MW グラデーション アイシャドウ 064 ¥5700／コスメデコルテ

着回し表にするとこんな感じ→

DAY ＼ ITEM	A	B	C	D	E	F	G	H	
SUN		イガリ化粧				イガリ化粧	イガリ化粧	イガリ化粧	
MON		イガリ化粧		イガリ化粧	イガリ化粧		イガリ化粧		
TUE		イガリ化粧						イガリ化粧	
WED	イガリ化粧			イガリ化粧	イガリ化粧		イガリ化粧		
THU	イガリ化粧		イガリ化粧				イガリ化粧	イガリ化粧	
FRI	イガリ化粧		イガリ化粧				イガリ化粧	イガリ化粧	
SAT	イガリ化粧	イガリ化粧				イガリ化粧	イガリ化粧		

 月として新たなはじまりだが、まだ月が見えない時期。別名として、朔（さく）があり、訓読みでは（ついたち）となる。

乗りきる⑯アイテム

I

エテュセのアイライナー

超極細筆で速乾性に優れ、ウォータープルーフ。目尻のラインも長時間キープ。リキッドアイライナーWPブラウン ¥1000／エテュセ

J

ファシオの茶マスカラ

お湯で落ち、ダマなし美ボリュームまつ毛に。ファシオ グッドカール マスカラ（ボリューム） BR300 ¥1200／コーセーコスメニエンス

K

エレガンスのチーク

つややかな質感で、自然な立体感と血色感を与えるフェイスカラー。ブリス オーラ RD301 ¥7000／エレガンス コスメティックス

L

イヴ・サンローランのコントゥアーパレット

自然に肌に溶け込み、立体感を操るシャドウ&ハイライト。クチュールコントゥーリング 02 ¥7000／イヴ・サンローラン・ボーテ

M

ルナソルのチーク

ヘルシーな印象のオレンジ。ルナソル カラーリングシアーチークス 05 ¥2500、コンパクト ¥1500、ブラシ ¥1000／カネボウ化粧品

N

コスメデコルテのリップスティック

唇の上で高級クリームがほぐれるような贅沢なつけ心地。つややかなベージュ。AQ MW アール デ フルール BE813／コスメデコルテ

O

キッカのリップスティック

素の唇を透けさせる2／5発色の中でも大人気のレッドローズ。キッカ メスメリック リップスティック 19 ¥3800／カネボウ化粧品

P

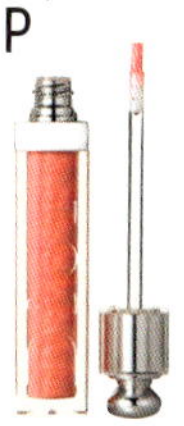

ディオールのグロス

パールの輝きを閉じ込めたサーモンピンク。ディオール アディクト グロス 653 ¥3400／パルファン・クリスチャン・ディオール

	I	J	K	L	M	N	O	P
		イガリ化粧	イガリ化粧	イガリ化粧	イガリ化粧		イガリ化粧	
		イガリ化粧		イガリ化粧	イガリ化粧		イガリ化粧	イガリ化粧
	イガリ化粧	イガリ化粧	イガリ化粧			イガリ化粧		
		イガリ化粧		イガリ化粧	イガリ化粧	イガリ化粧		イガリ化粧
	イガリ化粧	イガリ化粧	イガリ化粧		イガリ化粧	イガリ化粧	イガリ化粧	
		イガリ化粧	イガリ化粧	イガリ化粧			イガリ化粧	
	イガリ化粧	イガリ化粧		イガリ化粧				イガリ化粧

※ イガリ化粧 …使用アイテム

日曜日

- SUNDAY -

愛に満ち溢れた生活。

彼と2人きりで過ごす日曜日。男性受けのいい〝すっぴん風〟を意識しながらも、
キレイだなと思わせる策が張り巡らされたメイクで恋の勝者に♡

How to MAKE-UP

ベースはBでツヤツヤに。眉はFで眉尻を長めに描く。アイシャドウはGの左下を眉下全体に、Hの上から2番目をアイホール、3番目を二重の幅に入れ、Lの左を下まぶた全体にぼかす。メイク感が出やすいアイラインはなし。代わりにJを上下のまつ毛にダマにならないように、丁寧につけて目のパッチリ感を強調する。チークはKの内側を頬の真ん中に丸くぼかし、Mを頬の黒目の下の高い部分から鼻筋をまたぐように入れ、日焼けしてほてった雰囲気に。リップはBで軽く口角を消してからOを下唇につけて〝ん〜まっ♡〟。ざっくり塗った体でさりげなく。

小花柄マキシワンピース¥25000／マイストラーダ
ウールガウン¥21000／ルージュ・ヴィフ ラクレ ルミネ新宿店（フォンセ）
ヘッドアクセ／スタイリスト私物

目

4色で自然な立体感をつくり込む

唇

透け赤リップをあえてラフに

肌・頬

うるおったツヤ肌に
チークで微熱感をプラス

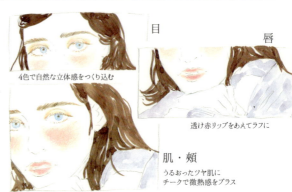

使用アイテム　B / F / G / H / J / K / L / M / O

「ベースはCCクリームですっぴんぽく。
でもキレイだと思わせたいから
実はしっかりメイクしてる。
シャドウはベージュ〜ブラウンの
4色使いで、超自然な立体感を。
さらに赤+オレンジのチークで
ほてったような微熱感を演出」

月曜日

- MONDAY -

会議に愛の残り香を持ち込む

週末の記憶が消えやらぬ月曜日。とはいえ仕事のスケジュールはパンパン。
ハッピーな気分をメイクであらわしながら、強めの眉で、さぁお仕事！

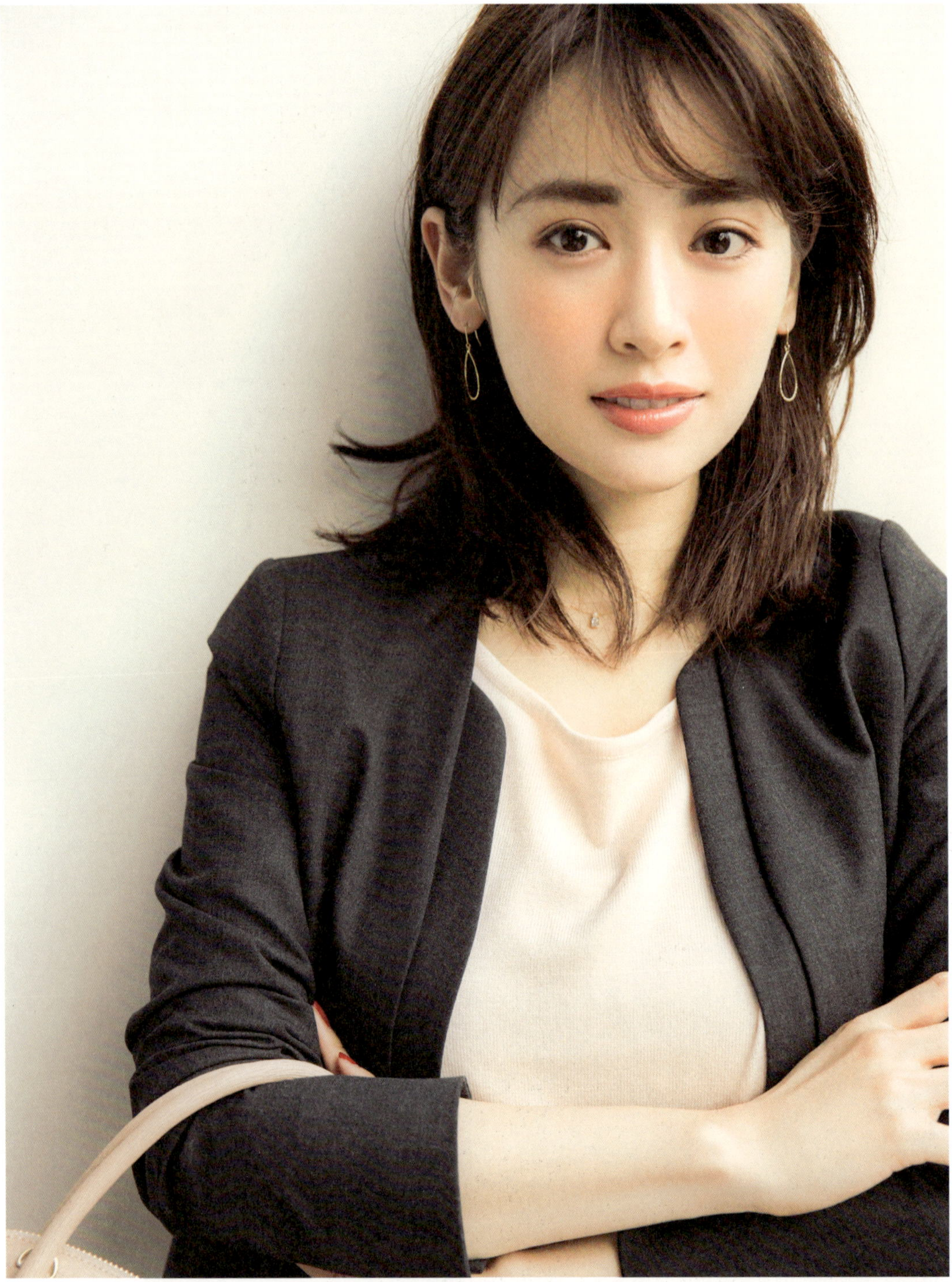

 ◐ 上弦の月 *First Quarter Moon* 7日目から8日目の間の月。徐々に満ちていく状態で、弓を張った状態に似ているため弓張り月（ゆみはりつき）と呼ばれている。

使用アイテム

B　D　E　G　J　L　M　O　P

「週末のハッピーな気分をオフィスでも持続すべく
ほんのりピンク&オレンジのメイクに。
ウイークデイだから、週末よりキラキラ感は控えめ。
眉をパウダーでしっかり描いてお仕事モードに。
ここで大切なポイントは、眉の間の距離。
狭くすると顔が求心的になり
クールに寄りすぎるから、開き気味にして
おおらか&ハッピーな印象に♪」

ジャケット¥39000、パンツ¥24000／フィルム（ソブ）　ニットトップス（アンサンブル）¥16000／マイストラーダ　ネックレス¥1900、ピアス¥1500／サンポークリエイト（アネモネ）　バッグ¥33000／ダイアナ 銀座本店（タラントン by ダイアナ）

目

眉頭を太くしてお仕事モードに

唇

口紅＋グロスで
じんわり血色を

肌・頬

薄くてもきちんと感
ありのお仕事肌

How to MAKE-UP

ベースはBを薄く塗り、目の下と小鼻、口角だけDでカバー。アイシャドウはLの左を上まぶたの目頭側2／3に入れて骨格を強調し、Gの左上をアイホール、上2色を混ぜて下まぶた、右下を上のキワにライン状に入れる。マスカラはJを上まつ毛の根元を中心に。眉はEを2色混ぜ、眉頭を太く強調する。ここで眉頭を内側に入れると強くなりすぎるので、位置はそのままをキープすることが大切。チークはMを、頬の黒目の下の高い部分から鼻筋にかけてぼかす。リップはOをスティックのままポンポンと唇につけてから、Pを重ねてじわっとなじませる。

火曜日

- TUESDAY -

OLコスプレってくらい OLを楽しむ

まだまだ先が長い火曜日は、思いっきりOLっぽく。目元も唇もキリリと引き締めて、きちんと感のあるコンサバ美人に♪

目

ベージュと黒でしっかり締める

肌・頬

ナチュラルな肌で
抜け感をプラス

唇

ベージュをキリリとつける

How to MAKE-UP

ベースはBでナチュラルに。目元はHの上から2番目をアイホールのくぼみにぼかし、3番目で上下を太めに囲んで、一番下を上下のキワに。Iで上下にインサイドラインを入れる。目尻は長くせず、目の幅と同じにするのが上品に仕上げるコツ。Jは上下のまつ毛に。眉はHの一番下を眉用ブラシにとり、眉頭から眉山をまっすぐつなぐようにぼかす。チークはK全体を大きなブラシで幅広く入れ、顔の側面を締めて小顔を演出。リップはNを直に塗ってティッシュオフした後、リップブラシでもう一度塗って、最後に輪郭をBをつけた綿棒で削り、すっきりと。

 ◐ 十三夜 Gibbous Moon 満月の手前の凸形の月で、満月の次に美しいとされている。これから満ちていく様子が縁起のいい月とされる。

使用アイテム

B / H / I / J / K / N

「全体は上品なベージュ&ピンクの淡いトーン。
しっかり囲んだ目と濃く描いた眉が、
視線を集めるアクセントに。
眉はアイシャドウで描いて、まぶたと質感を揃えます。
締めるメイクの時ほど、
質感は揃えたほうがオシャレに見えるから。
リップは〝ぷるん〞と〝キリッ〞を両立させたいので、
二度塗りした後、ファンデをつけた綿棒で
輪郭を削って、引き締めます」

リボンブラウス(スカートとセット価格)￥39000(ソブ)、ラップスカート￥26000（ダブルスタンダードクロージング)／フィルム　ピアス￥1900／サンポークリエイト（アネモネ）　バッグ￥11000／ルージュ・ヴィフ ラクレ ルミネ新宿店(ルージュ・ヴィフ)

水曜日

- WEDNESDAY -

アフター5は習い事！で 健康美人を意識する

週の真ん中、水曜日は習い事で自分磨きを。ヨガやピラティスに通う
ヘルシー美人をイメージした、透明感溢れるメイク。

目

眉で凛とした強さを演出

唇

うるツヤ質感でぷっくり♪

肌・頬

下地＋コンシーラーで
透明感を生かす

How to MAKE-UP

ベースはAの下地をのばし、目の下だけDでカバー。アイシャドウはGの右上を上の二重の幅と下全体に入れ、左上をアイホールに重ねる。Jは上下のまつ毛に塗るが、下は一度塗りで超薄く。眉はEの2色を混ぜて、眉頭の下のラインをそのままの角度で内側にのばして、眉間を狭めて求心的な眉に。チークはMを横長に入れ、Lの左を頬骨のくぼみに沿ってシェーディング。右は鼻のつけ根と上唇の山に沿って入れ、ハイライトに。リップはNを唇全体に塗り、Pを中央に。唇の山と中央のハイライトでぷっくり感を強調する。

◯ 満月 Full Moon　別名、望月（もちづき）・十五夜（じゅうごや）。仲秋の名月もこの月付近。最も真円に近い状態になり、太陽が月全体を照らし美しく輝く。

使用アイテム

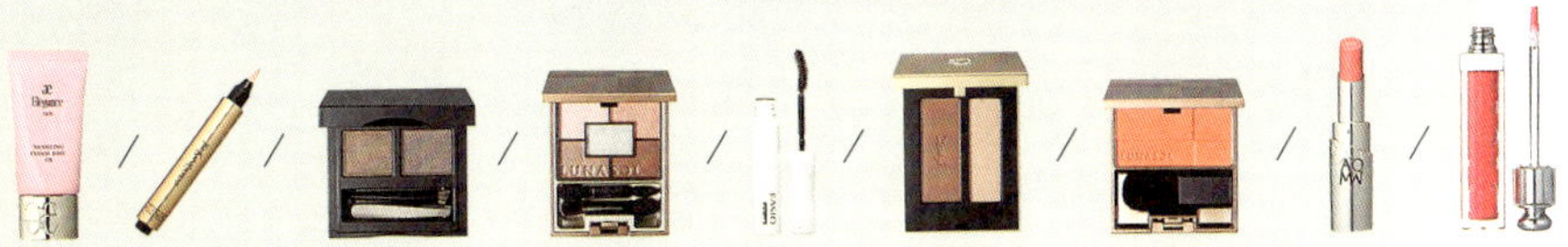

A　D　E　G　J　L　M　N　P

「ベースは下地+コンシーラーだけで軽く。
アイシャドウもピンクとオレンジでふんわりなのに
凛とした強さを感じるのは求心的な眉のおかげ。
さらに頬のシェーディングと、
立体感を強調したヌードリップで
顔立ちそのものの存在感を際立たせます」

シャツ¥14000、スエードスカート¥15000／ルージュ・ヴィフ ラクレ ルミネ新宿店(ルージュ・ヴィフ) スカーフ¥1280／サンボークリエイト（アネモネ） ピアス／スタイリスト私物

木曜日

- THURSDAY -

夜は女子会でオシャレ勝負

「私の中では夜遊びは木曜日」とイガリさん。週末を目一杯楽しむため、二日酔い&寝不足を招く夜遊びは1日前倒し。イガリ流夜遊びメイクの極意とは？

How to MAKE-UP

ベースはAで色ムラを整え、Cで毛穴の目立たないフォギーな肌に。アイシャドウはGの左上をアイホールにのばし、Hの上から2番目を同じ位置に重ねる。Iで上まぶたのキワにラインを入れる。目尻は上げずに目のカーブに沿って長く、目頭もインサイドを埋めてアーモンドアイに。Jは上下のまつ毛に塗り、特に黒目の下は重ねづけ。残りを眉につけて毛流れを強調する。チークはMを横長にぼかし、Kの周囲の白い部分で、目頭の下から目尻の下と小鼻の横に向かって、くの字形にハイライトを入れる。唇はNを塗り、Oを重ねてティッシュオフ。もう一度Oを重ねる。

使用アイテム

A / C / G / H / I / J / K / M / N / O

「このメイクで狙ったのは
女子に嫌われないギリギリの甘さ。
ベースはピンクの下地+ファンデをチョイス。
でもポイントメイクが甘いぶん、薄〜くするのが成功の秘訣。
ラインは目頭と目尻を強調して色っぽいアーモンドアイに。
眉まで女っぽいとトゥーマッチなので、
まつ毛に使ったマスカラでボーイッシュにして、バランスをとります」

オールインワン¥15000／スナイデル ルミネ新宿2店（スナイデル）　ピアス、ブレスレット／スタイリスト私物

目

目頭&目尻を強調して女っぽく♡

唇

ベージュ＋透け赤で華やかに

肌・頬

極薄美肌で
うらやましがらせる

金曜日

- FRIDAY -

Thank God It's Friday

あえてまっすぐお家に帰るTGIF

週末のために金曜日はまっすぐ帰宅。こんな日こそ人目を気にせずやりたいメイクを。
自己満足でもいい！ このチャレンジが新たなキレイを生む☆

目

眉頭下のベージュでホリ深に

唇

透ける赤を
んーまっ→ポンポン

肌・頬

ハーフマットな
大人肌☆

How to MAKE-UP

ベースのA＋Cは金曜日と同じ。アイメイクはGの左下を眉頭から下に入れて陰影を強調。Hの上から3番目をアイホールにぼかし、一番下で上まぶたのキワに目尻長めのアイラインを引いて、一番上で目頭の下にハイライトを入れる。同じ色を眉山から眉尻にかけても軽くのばしておく。上のまつ毛にJを塗り、残りをスクリューブラシにとって眉につける。チークはKの内側を頬骨に沿ってぼかし、Lの右側を小鼻に塗ってマットに。唇はOを上唇に塗ってから上下の唇を“んまっ”と合わせてなじませて、リップラインを指でトントンとあいまいに整える。

「このメイクのポイントは眉頭の下の
くぼみに入れたベージュ。
これだけでホリ深で大人っぽい
コンサバ顔になるし、アイホールの
黄みブラウンといい感じにコントラストがつく。
眉山から眉尻は白のシャドウで
光を入れ、さりげなく立体感を。
リップは透ける赤を、輪郭をあいまいに。
こなれた大人のいい女って感じ？
いいの、自己満でも（笑）」

ニットトップス￥11000／マイストラーダ スカート￥23000／ルージュ・ヴィフ ラクレ ルミネ新宿店（ルージュ・ヴィフ） ネックレス￥2680／サンポークリエイト（アネモネ）

月が半分だけ顔を出しているとき。半月を弓の形になぞらえ、弓に張った弦が下向きになっていることから下弦という。

使用アイテム

A / C / G / H / J / K / L / O

土曜日

- SATURDAY -

お家を掃除した後、やっと彼に会いに♡

土曜日はとっととお部屋を掃除して、彼に会いに行く日♡　エロいのもありだけど
清潔感女子のほうが本命率は高い。大人のデートメイクの正解はコレ！

「デートで〝あえてムンムンしない〟のも
大人の選択肢。ツヤ肌にまっすぐの太眉で、
ちょいボーイッシュに。まぶたはオレンジと
ベージュをマトリョーシカみたいに重ねて、
自然なのに吸い込まれそうなまなざしをつくります。
恋愛成就に不可欠なチークも今回は封印。
影色ブラウンを目の下に入れ、
はにかんだような血色感を狙う。
いわばこれ〝プロポーズされる直前メイク〟♡」

使用アイテム

A / B / F / G / I / J / L / P

トップス￥7400／Lily Brown　イヤリング￥1600／サンポークリエイト（アネモネ）ショルダーバッグ￥2990／earth music &ecology red store新宿

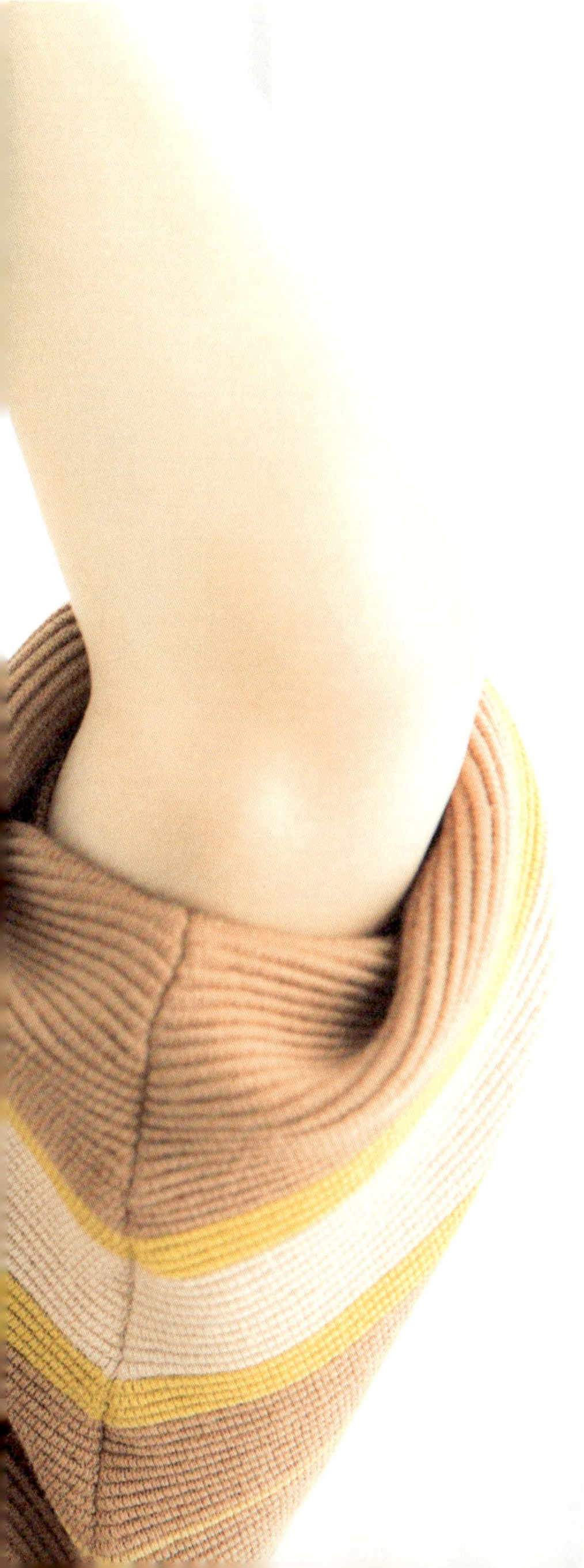

目

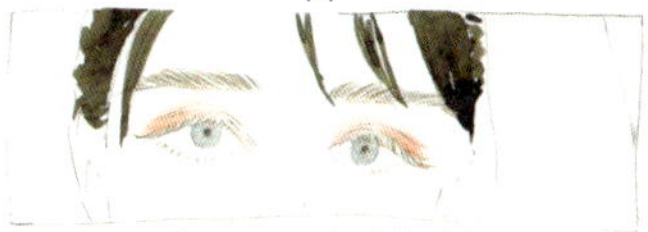

ベージュ＆オレンジで自然に締める

唇

グロスだけでさらっとかわいく

How to MAKE-UP

ベースはA＋Bでツヤツヤに。眉はFで下のラインをまっすぐ描き足す。アイシャドウはGの左下のベージュを上まぶた全体に入れ、右上のオレンジを一回り小さく重ねて、左下のベージュをさらに一回り小さく……と3回繰り返して、キワまで締めていく。Iで黒目から外側に目尻をスッと長く上げるようにラインを引いて、上下のまつ毛にJのマスカラを。Gの中央で、目頭の先端と鼻根にハイライトを入れる。チークはあえてなし。Lの左を目の下に、目幅くらいに横長に入れることで、はにかんだようなナチュラルな血色感を演出。リップは口角をBで消してPを輪郭どおりに塗る。

肌・頬

下地＋CCで
つやつやに♡

最高に

発色がコンサバに似合うオーガ

やさしき母性が溢れ出る
「丸み」が生まれる
オーガニック化粧
1

うる＋さら透明ベース

内側にうるおいのツヤをたっぷり閉じ込めながらも、表面はさらさらのパウダーで、透き通るような肌に。

1
毛穴や色ムラをカバー。セミマットな上質肌に。シン ピュルテ パーフェクトUVクリーム SPF30・PA+++ 35g ¥3900／スタイラ

2
美しくつややかな肌に。ジェーン・アイルデール グロータイムミネラルBBクリーム 5 SPF25 50mℓ ¥5800／エム・アール・アイ

3
ルースタイプのミネラルファンデ。ジェーン・アイルデール アメイジングベース アイボリー　SPF20 ¥6800／エム・アール・アイ

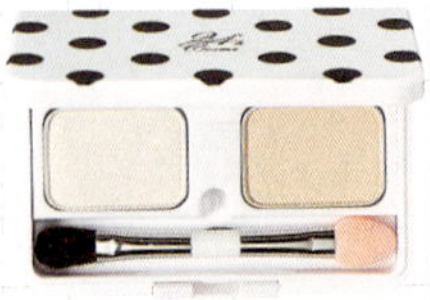

4
2色を混ぜて鼻根のハイライトとして使用。24hコスメ 24h マジックパウダー ニュアンス ¥2800／ナチュラピュリファイ研究所

ぽってリップ

リップはキスするみたいに唇を丸めて、くるくる塗り。ぽってりさせて女らしく♡

6
上品でさりげなくセクシーなクラシックローズ。シンピュルテ オーガニックリップグロス クラシックローズ ¥2200／スタイラ

ほんのり丸チーク

チークは頰の中心の高い部分にふんわりと丸くぼかして、優しく大人っぽい印象に。

5
自然な血色のようなコーラルピンク。ジェーン・アイルデール ピュアプレストチーク アウェイク ¥4400／エム・アール・アイ

さりげに主張する目元

アイシャドウはモーブ＆ピンクで透明感と女らしさを。ブラウンのライン＆マスカラと眉で優しく引き締めて。

7
オーガニック植物エキスを配合。透明感のあるパールモーブは上まぶたにグラデ。クレールキャラメル アイシャドウ 41 ¥1900／SSI

8
パールピンクは下まぶたにのばして、ほんのり甘くつややかな女らしい目元に。クレールキャラメル アイシャドウ 16 ¥1900／SSI

9
眉や唇にも使えるマルチなペンシル。ジェーン・アイルデール アイペンシル ベーシックブラウン ¥1900／エム・アール・アイ

10
ダマになりにくくツヤとハリを与えてくれる美容液マスカラ。ナチュラグラッセ マスカラ コルネ BR ¥2800／ネイチャーズウェイ

11
天然ミネラルパウダー配合。上の2色を混ぜて使用して。ナチュラグラッセ アイブロウ ココア BR2 ¥3200／ネイチャーズウェイ

イガリ語録　'80s青春系……パーリーなターコイズやエメラルドブルーなど、'80年代のディスコカルチャーを彷彿とさせるような色合いや質感のこと。(P023より)

ニック化粧

WHY ORGANIC?

「天然成分が主体のせいか、オーガニックコスメは発色が優しいものが多いんです。ガツンと強く発色しないで、肌になじんで深みを出してくれる。この〝強くないけど深い〞感じがコンサバ5歩手前メイクにぴったり。オーガニックコスメは大人女子の味方です」

意志あるカッコよさを湛える「色み」をきかせたオーガニック化粧 2

薄重ね引き締めベース

きちんと感を出したいから肌はクリームファンデ＋パウダー仕上げ。ピンクの下地で血色感を仕込む。

1

華やかな血色感をプラス。ナチュラグラッセ カラーコントロール ピュレ PK SPF30・PA++ 20㎖ ￥2800／ネイチャーズウェイ

2

軽いつけ心地でほんのりトーンアップ。ナチュラグラッセ UVベースミルク SPF43・PA++ 30㎖ ￥2800／ネイチャーズウェイ

3

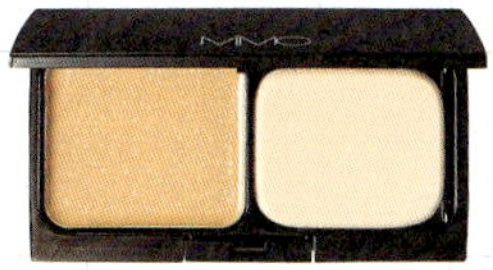

美容液成分にナチュラルミネラルパウダーをプラス。ミネラルクリーミーファンデーション 102 SPF20・PA++ ￥6500／MiMC

4

さらさらの微粒子パウダーが光を絶妙に反射して、肌をふんわり美しく。rms beauty アンパウダー 01 ￥4500／アルファネット

りんご飴リップ

鮮やかに発色する赤に、シアーな赤を重ねることで、赤をツヤでラッピング。りんご飴みたいな唇に♡

6

キャンディみたいな発色が可愛い。肌をキレイに見せる赤ピンク。アクア・アクア オーガニックスイーツリップ 02 ￥1500／RED

7

日本みつばちの希少な和蜜を配合し、こっくりテクスチャーで唇に密着。透け感が高い。ミネラルハニーグロス 105 ￥3200／MiMC

さらっとチーク

さらさらの肌感を消さないようにチークはルースパウダータイプ。コーラルピンクで優しい印象に。

5

ナチュラルミネラルパウダーを使用。ほんのり上気したピンク。アクア・アクア オーガニックパウダーチーク 01 ￥1800／RED

’80s青春系アイズ

アイシャドウはボルドーを主役にしてカラフルに。黒のラインとマスカラでしっかり引き締める。

8

上まぶたに使用。左のラベンダーをアイホールに、右のボルドーをキワに入れる。ビオモイスチュアシャドー 17 ￥3800／MiMC

9

肌なじみのよいパーリーなターコイズを下まぶたにハイライトとして使用。クレールキャラメル アイシャドウ 63 ￥1900／SSI

10

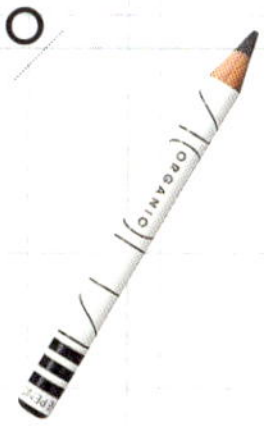

アルガンオイルやミツロウなどを配合。スルスルなめらかに描ける。アクア・アクア オーガニックアイペンシル 01 ￥1600／RED

11

何と98％天然素材を使用しながら、優れたボリューム＆ロングラッシュ効果を実現。クレールキャラメル マスカラ 71 ￥3500／SSI

12

眉はライトブラウンのペンシルで直線的に。芯がソフトで描きやすい。クレール キャラメル アイブロウペンシル 121 ￥2400／SSI

イガリ語録　りんご飴リップ……りんご飴のように中心部分がふっくりツヤっとしている、丸みがあって立体的なリップの塗り方。唇の透明感が増しキレイに見える。（P023より）

ロングカーディガン¥20000／モロコバー六本木ヒルズ店(モロコバー)　アイボリーキャミソール¥6800、アイボリーハット¥9800／アンビエント

1/ 「丸み」が生まれる オーガニック化粧

目も、頬も、唇も、丸みを重ねて女らしく

「丸み」オーガニック化粧の仕方

【うる＋さら透明ベース】

「砂の粒子が細かいほど砂浜は透き通って見えるでしょ？　肌も同じです。表面はさらさらだけど、その内側はたっぷりうるおってる。そんな肌を作りたくて、保湿効果の高いUV下地とBBクリームで肌をうるうるにしてから、さらさらの微粒子パウダーをのせました。鼻の付け根とオデコにハイライトを入れて、つやっとした質感と立体感をプラスします」


【さりげに主張する目元】

「上まぶたはピンク、下まぶたはモーブのアイシャドウで、ほんのり色のニュアンスとキラキラ感をプラス。上のキワだけブラウンのペンシルで締めます。マスカラもブラウンを上下に塗って目の縦のラインを強調。丸みのある目元に。ラインもマスカラもブラウンを選んで、さりげなく主張することが重要。ブラウンの直線的な眉で、少しだけ強さをプラスします」


【ほんのり丸チーク】

「黒目の下の頬の高いところに、ブラシでくるくると円を描くように。ほんのり丸くぼかします」


【ぽってリップ】

「リップも丸く。唇をチューの形にして円を描くようにつけることで、ぽってりした女らしい唇に」

2

「色み」をきかせたオーガニック化粧

オーガニックコスメならロックな'80sも大人っぽく

レザーライダースコート¥48000／フィルム（ダブルスタンダードクロージング）　ニットキャミソール¥5800、サングラス¥4500／アンビエント　黒デニム¥10000／シアン PR（ウェア ボブソン）　三角ピアス¥14900／ミディ 広尾店

「色み」オーガニック化粧の仕方

【薄重ね引き締めベース】

「血色感を与えるピンクの下地と、ちょっとだけ白くなる日焼け止めで肌をトーンアップ。さらにクリームファンデを薄〜く重ねて、きちんと感のある肌に仕上げます。厚づきだと重くなるので、あくまでも薄〜く。最後にパウダーで超薄膜をかければ、キュッと引き締まったきちんと肌が完成」

【'80s青春系アイズ】

「目元はカラフルな'80s風。発色が優しいオーガニックコスメなら、子供っぽくなりません。上まぶたはアイホールにラベンダーをぼかし、キワはボルドー。下まぶたの目頭1／3にはターコイズでハイライトを入れます。アイラインとマスカラは引き締め効果の高い黒で、ラインは上全体と下の目尻側1／3に。マスカラは上下のまつ毛に塗ります。眉はブラウンのペンシルで描いて、まつ毛と同じマスカラで毛流れを強調します」

【さらっとチーク】

「目も唇も強いのでチークは控えめ。自然な赤みのパウダーチークを頬中央に少しだけポンポンと」

【りんご飴的リップ】

「唇はスティックをポンポンとつけてから、グロスを重ねてツヤツヤのりんご飴みたいに仕上げます」

第二章

基本のイガリ化粧 どでか詳細プロセス

この章では「イガリ化粧」の奥深さを、大きめのプロセス写真にすることで詳細に解説。塗り方や塗る範囲、力の入れ方や、使う部分、所要時間まで、メイクに関わる全てのことを細かく追っているのでぜひ実践して！

手の圧レベル

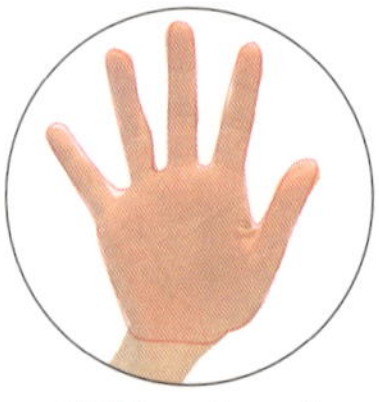
手圧レベル 1
うぶ毛をさわさわ

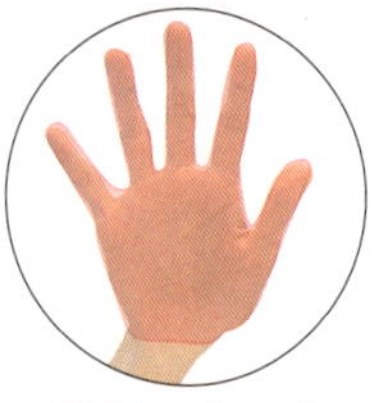
手圧レベル 2
肌に触れるくらい

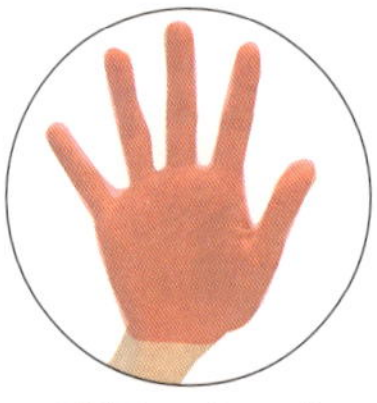
手圧レベル 3
肌がへこむくらい

手をたくさん使ってメイクするイガリ化粧は、手の使い方や肌への圧力のかけ方がキモになる。3つの段階を意識してやってみて。

タイムキープ

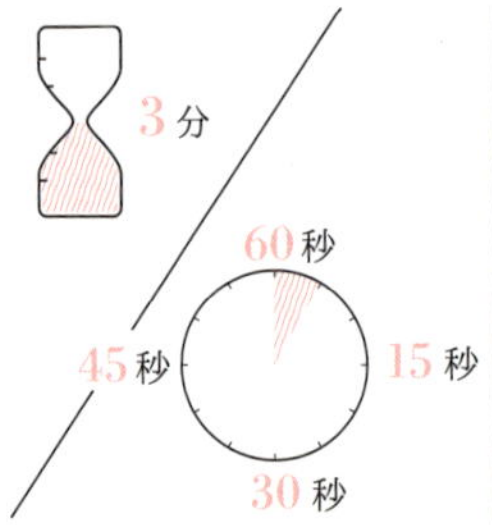

スキンケアは時間をかけるべき？ ベースは手早く？ すべてのプロセスに入った時間配分を参考にして、効果的なお化粧タイムを。

使う手の範囲

イガリ化粧のキモとなる「手」は、いろんな使い方を駆使します。手のどの部分を使うのか、詳しく見ながら進んでみましょう。

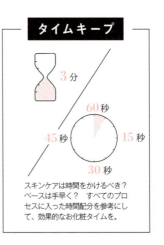

基本のイガリアイテムは

STEP 1
スキンケア
P030へ

STEP1-01 エッフェ オーガニックの化粧水

STEP1-03
SK-IIの乳液

STEP1-04
エレガンス
コスメティックスの
リップバーム

STEP 2
下地づくり
P032へ

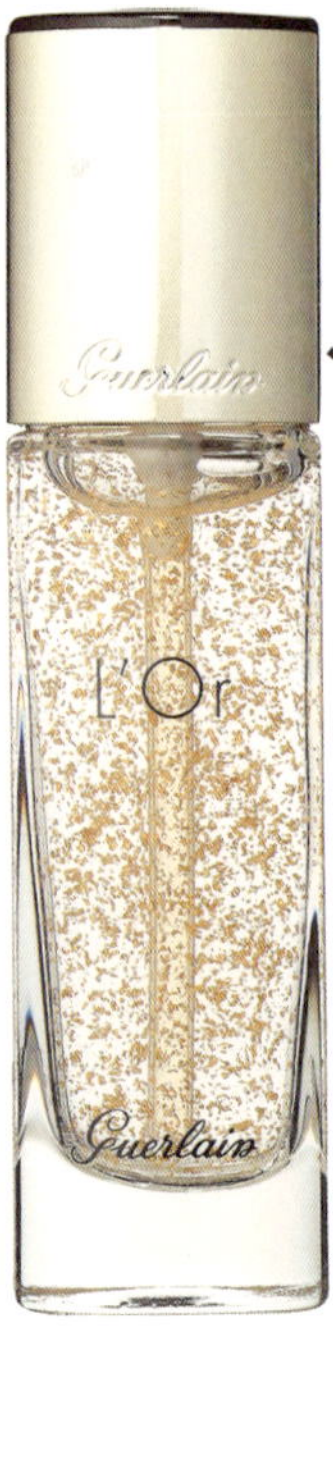

STEP2-01
ゲランの24金メイク下地

STEP2-02
ランコムのカラー下地

STEP2-03
エッフェ オーガニックのUVミスト

STEP 3
肌仕上げ
P034へ

STEP3-01
YSLのリキッドファンデーション

STEP3-02
ルナソルのパレットコンシーラー

STEP3-03
ランコムのクッションチーク

STEP3-05
コスメデコルテの
パウダーファンデーション

STEP3-07
ルナソルの
アイシャドウ

STEP3-08
キッカの
プレストパウダー

リトル・ミス・サンシャイン／白肌とくすんだ赤リップの色合いが好き。血色感の中に美しさも魅力。
¥1419 発売元:20世紀フォックス ホーム エンターテイメント ジャパン

化粧で使うこちら!!

「イガリ化粧」の基本のき！そのプロセスで使用した、必携のアイテムたちです。それぞれのSTEPに飛ぶと詳しい使い方が載っています。

STEP4-01 エレガンス コスメティックスのアイシャドウパレット

STEP4-08 ファシオのマスカラ

STEP4-09 ツイーザーマンのアイラッシュコーム

STEP4-07 資生堂のミニアイラッシュカーラー

STEP4-04 コスメデコルテのリキッドアイライナー

STEP 4
アイメイク
P038へ

STEP 5
眉づくり
P041へ

STEP5-01 チャスティのスクリューブラシ

STEP5-02 YSLの眉パレット

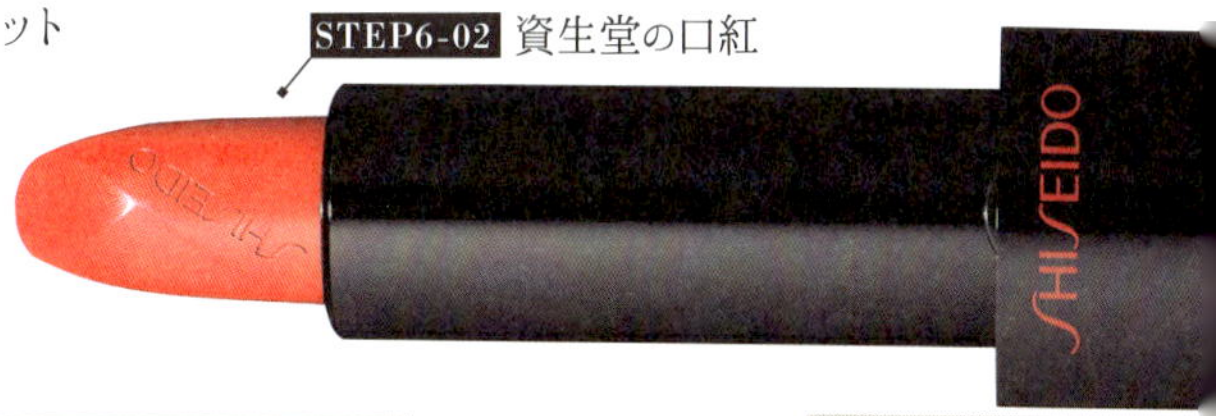

STEP6-02 資生堂の口紅

STEP 6
リップメイク
P042へ

STEP6-03 キッカのリップグロス

STEP6-01 エスティ ローダーのチーク

インスピレーション映画 ―  **ベティ・ブルー／愛と激情の日々**／マインドは身体や見た目に現われると痛感した作品。
¥2800（HDリマスター版）　発売元：ハピネット、是空、フロンティアワークス

STEP
1

スキンケア

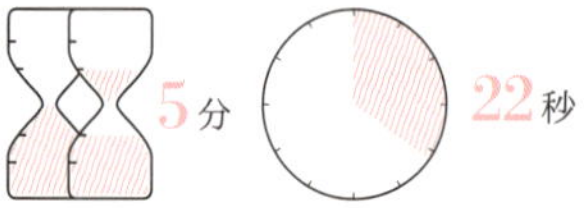

うるおいをたっぷり与え、メイクの映える肌に整える。スキンケアもまたメイクの第一歩。
いつもやっているスキンケアを正確に再現します。

01

メイク前に化粧水でコットンパック

「化粧水をたっぷりコットンにしみ込ませ、2枚に割いて5分くらいコットンパックします。目のまわりがすっきりしてうるおいもアップ」

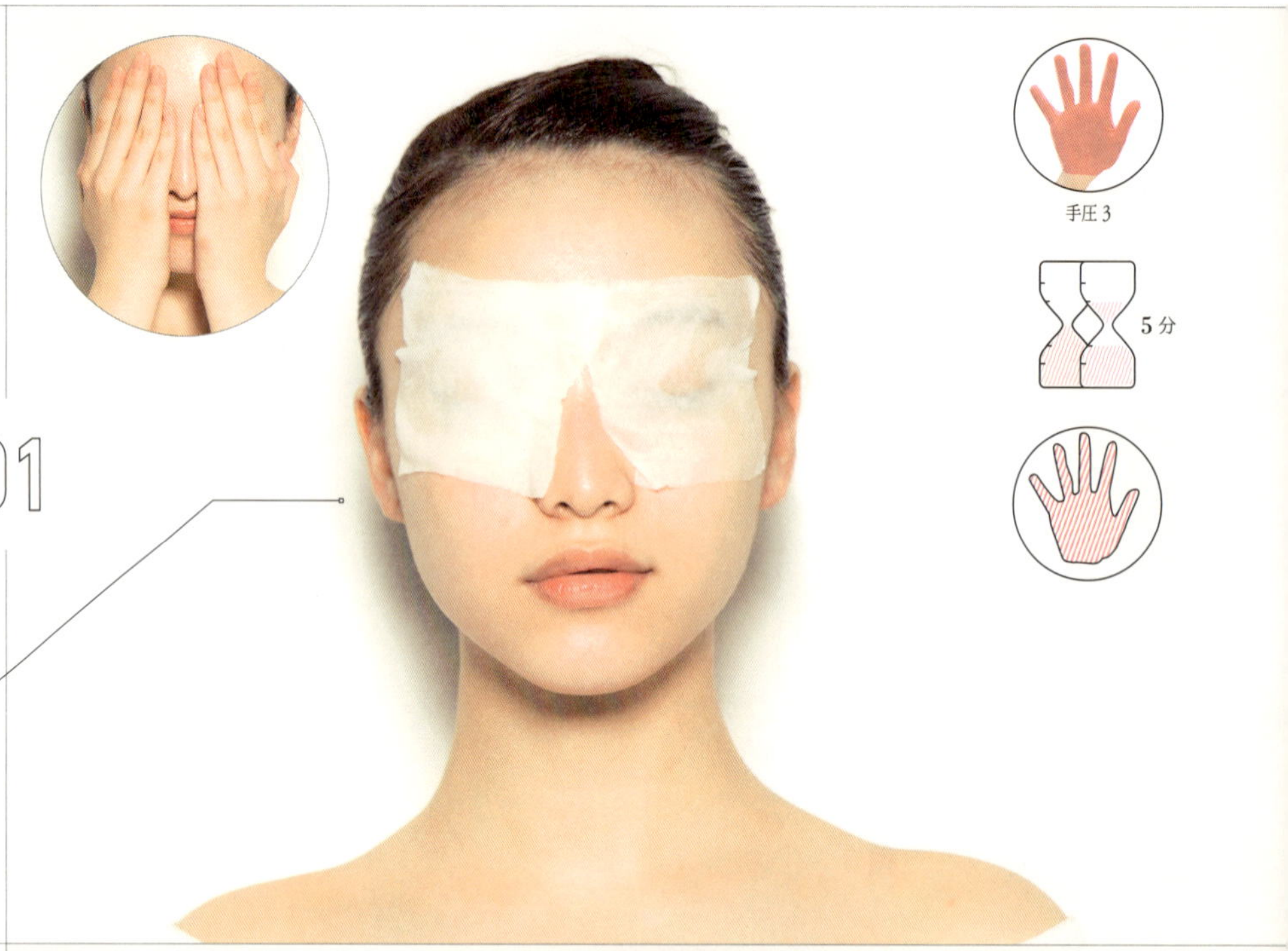

軽いテクスチャーでしっかりうるおい補給ができる。ブライトニングローション 150㎖ ¥4000／エッフェオーガニック

02

コットンに残った化粧水もムダにしない

「パックが終わったらコットンでまず顔を拭いてから、首にもしっかり水分補給します。顔と首はつながっているからケアは怠りなく！」

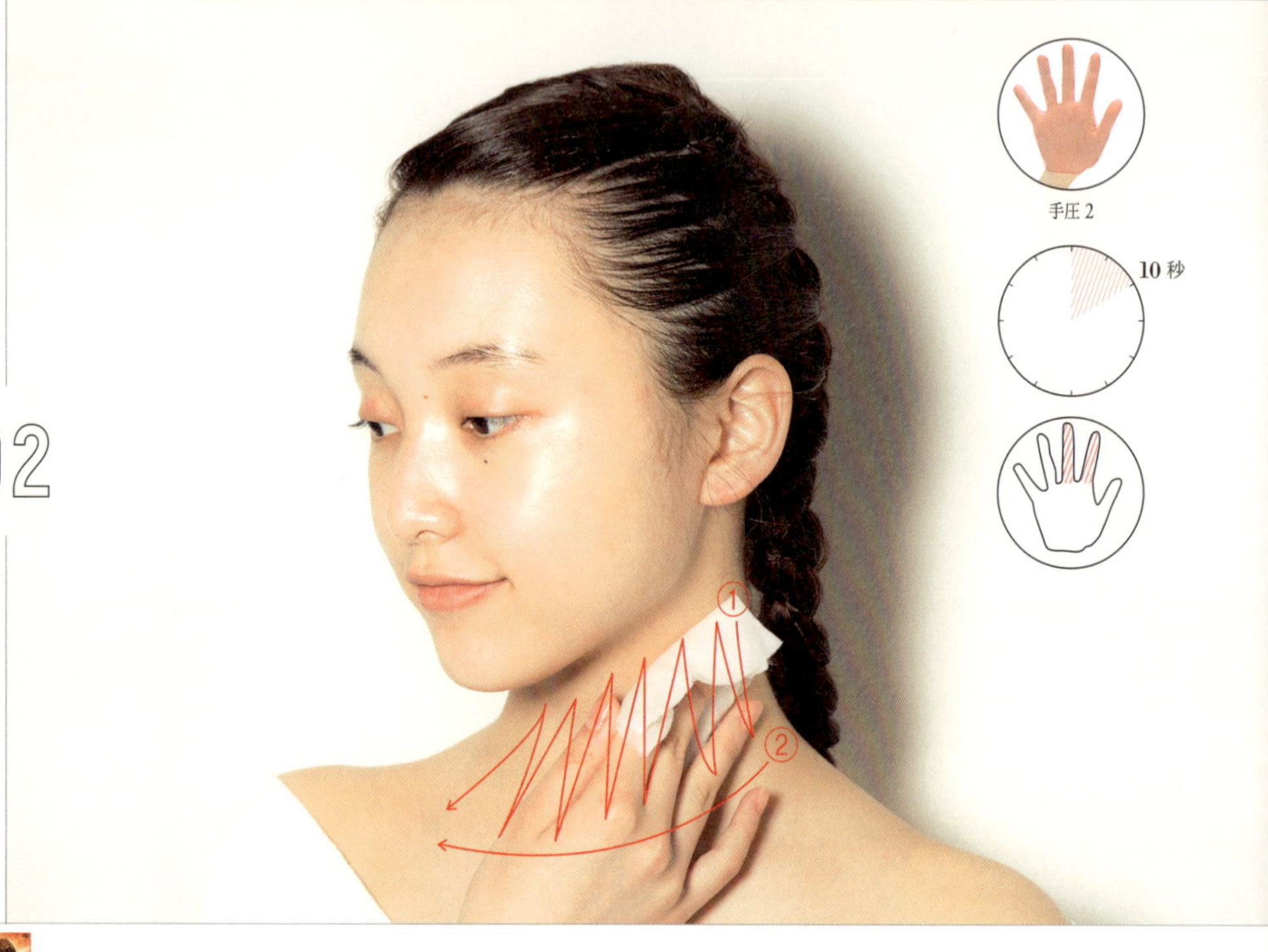

きみに読む物語／とにかく、おしゃれ！　さまざまなファッションに目移りしちゃう。¥1200　発売元:ギャガ

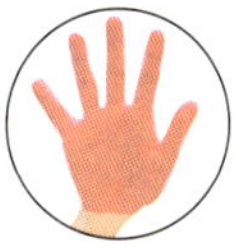

手圧 3

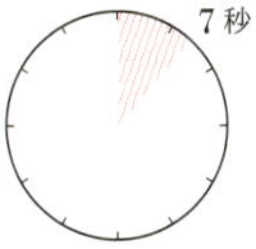

7 秒

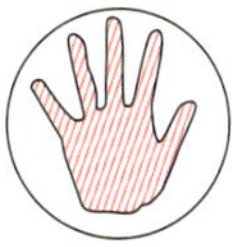

03

乳液をつけて手のひらでじわーっとなじませる

「乳液はマッサージするようにのばし、手のひらで覆ってなじませて。こうするとうるおいが浸透してべたつかないの。首も忘れずに！」

深くうるおう。R.N.A.パワー ラディカル ニュー エイジ 50g ¥11500(編集部調べ)／SK-Ⅱ

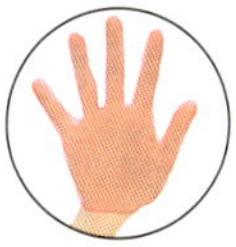

綿棒圧 2

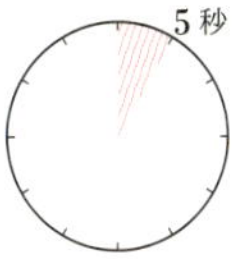

5 秒

04

ここでリップクリームをつけておくのが正解！

「口紅の直前にリップクリームをつけると、ペタペタしてキレイに発色してくれないの。今つけておけば口紅を塗るころにはふっくら♡」

こっくりリッチな感触でふっくらとした唇に。ハイドロチャージ リップバーム 7g ¥4000／エレガンス コスメティックス

  **スイミング・プール**／肌の色と水の色のバランスが最高にキレイ♡。¥1143　発売元:ギャガ

STEP
2

下地づくり

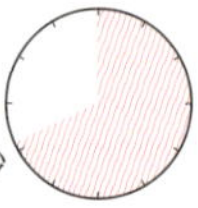

下地やコントロールカラーを活用して、ファンデは薄めで美肌をつくるのがイガリ流ベースメイクスタイル。
サンスクリーンも抜かりなくここで仕込み、未来の美肌も守る！

01 下地を仕込んでうるうるに仕上げる

「うるおいたっぷりの肌に見せたいので、キラキラ感のある下地を。目の下とおでこを中心に、人差し指と中指、薬指の腹でなじませます」

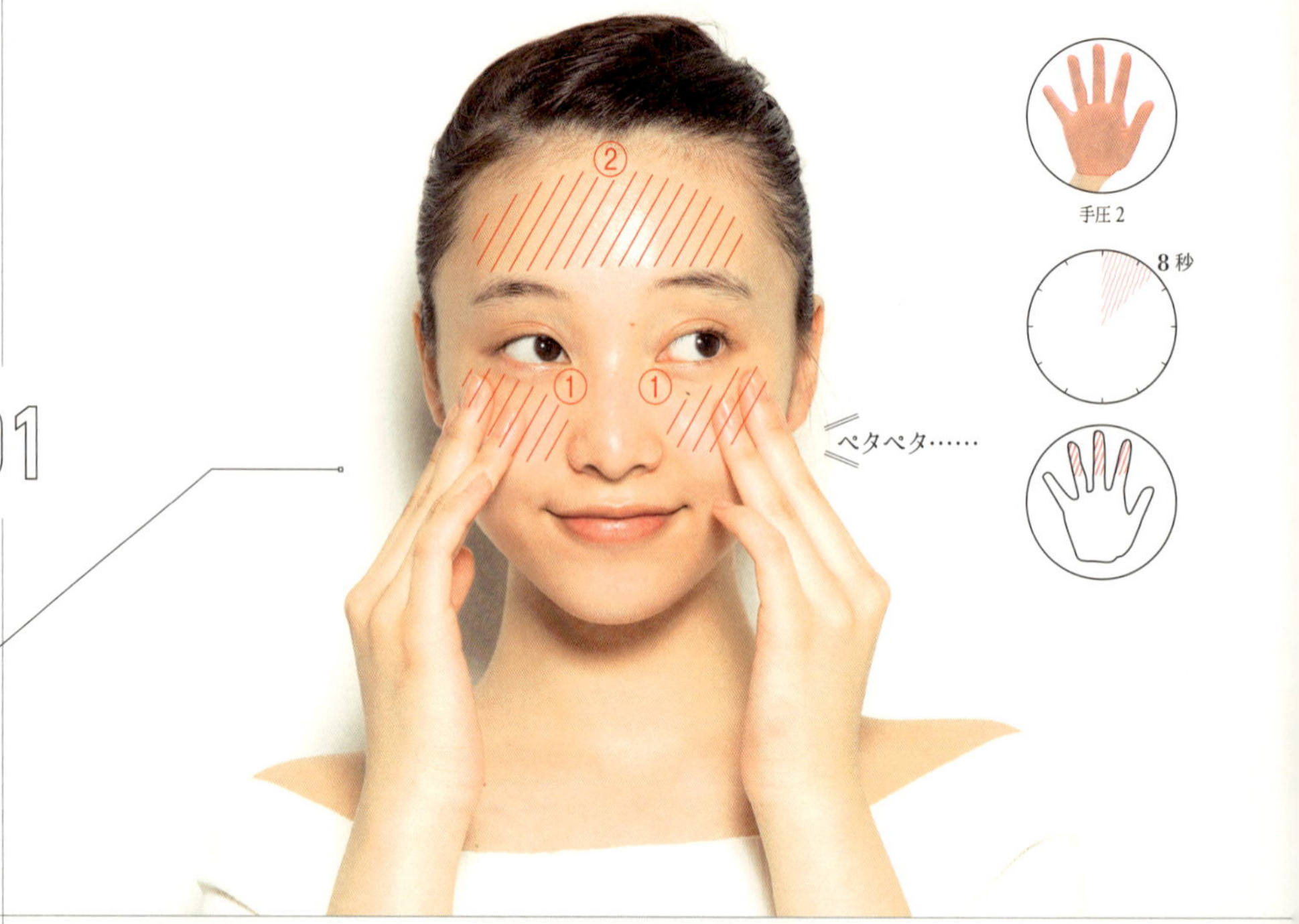

24金の輝きをちりばめたメイク下地。ロール エッセンス エクラ 30mℓ ¥10200／ゲラン

02 オレンジのコントロールカラーをのばす

「肌の色ムラを消して、キュッと引き締まった小顔に見せてくれるのがオレンジのいいところ。ブラシで内側から外側に向かってのばします」

血色感ある健康的な肌に。ラ バーズ プロ カラー コレクター 03 40mℓ ¥5800／ランコム

スクール・オブ・ロック／好きな映画トップ10に入る。音楽はもちろん登場する女性の人生観もサイコー！
¥2381（Blu-ray） 発売元:NBC ユニバーサル・エンターテイメントジャパン

03 サンスクリーンを手のひら全体を使って顔にのばす

「指でチョコチョコ塗るとムラになるし、せっかく塗った下地がくずれちゃう。手のひら全体にのばして、のせる感じで首までなじませて」

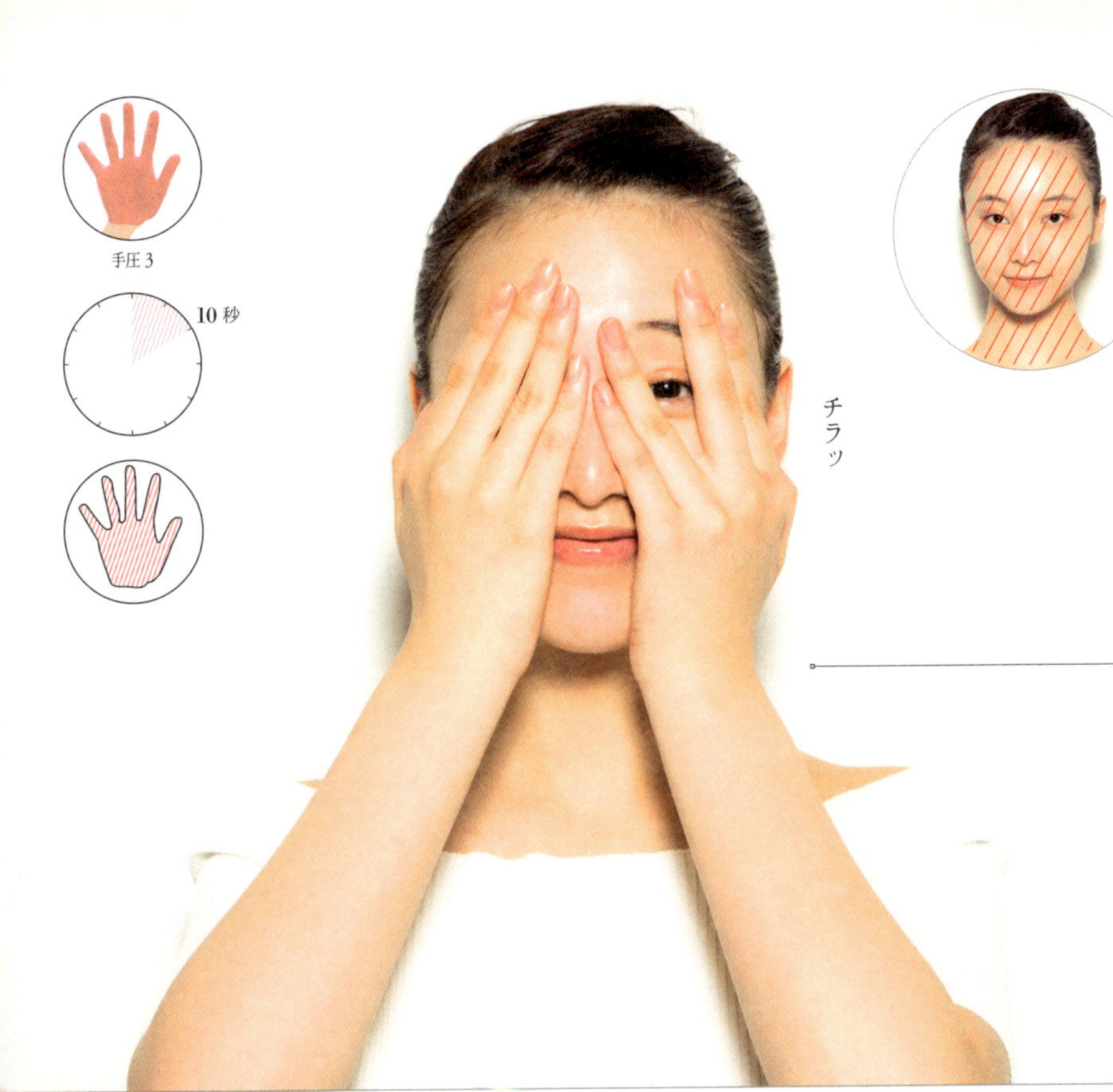

顔にも使える全身用。UVプロテクトミスト SPF25/PA++ 50㎖ ￥2900／エッフェオーガニック

04 手の甲も老けるとヤバイので要注意☆

「03で手のひらにはついてるけど、手の甲はノーガード。甲は意外に見られているし、年齢が出やすいのでサンスクリーンを忘れずに!」

インスピレーション映画 –

スタンド・バイ・ミー／少年たちの髪質や肌のほてり感がいい味だしてる。
￥1410（コレクターズ・エディション） 発売元:ソニー・ピクチャーズ エンタテインメント

STEP
3

肌仕上げ

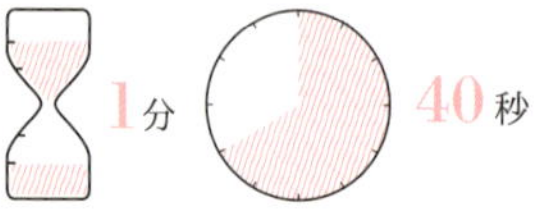

ファンデーションはリキッドを主体に、パウダリーの質感を少しだけ加えて引き締まった大人っぽい肌に。
さらに血色と立体感を添えて〝生まれつきキレイな肌〟が完成！

01 リキッドファンデを順番にブラシで塗る

「手で塗ると指の脂分でツヤが出やすい。大人系セミマット肌にしたいのでブラシを使います。少量でムラなくのばせるのもいいところ☆」

光を操りくすみをカバー。タン ラディアント タッチエクラ SPF22/PA++ 30㎖ ¥6600／イヴ・サンローラン・ボーテ

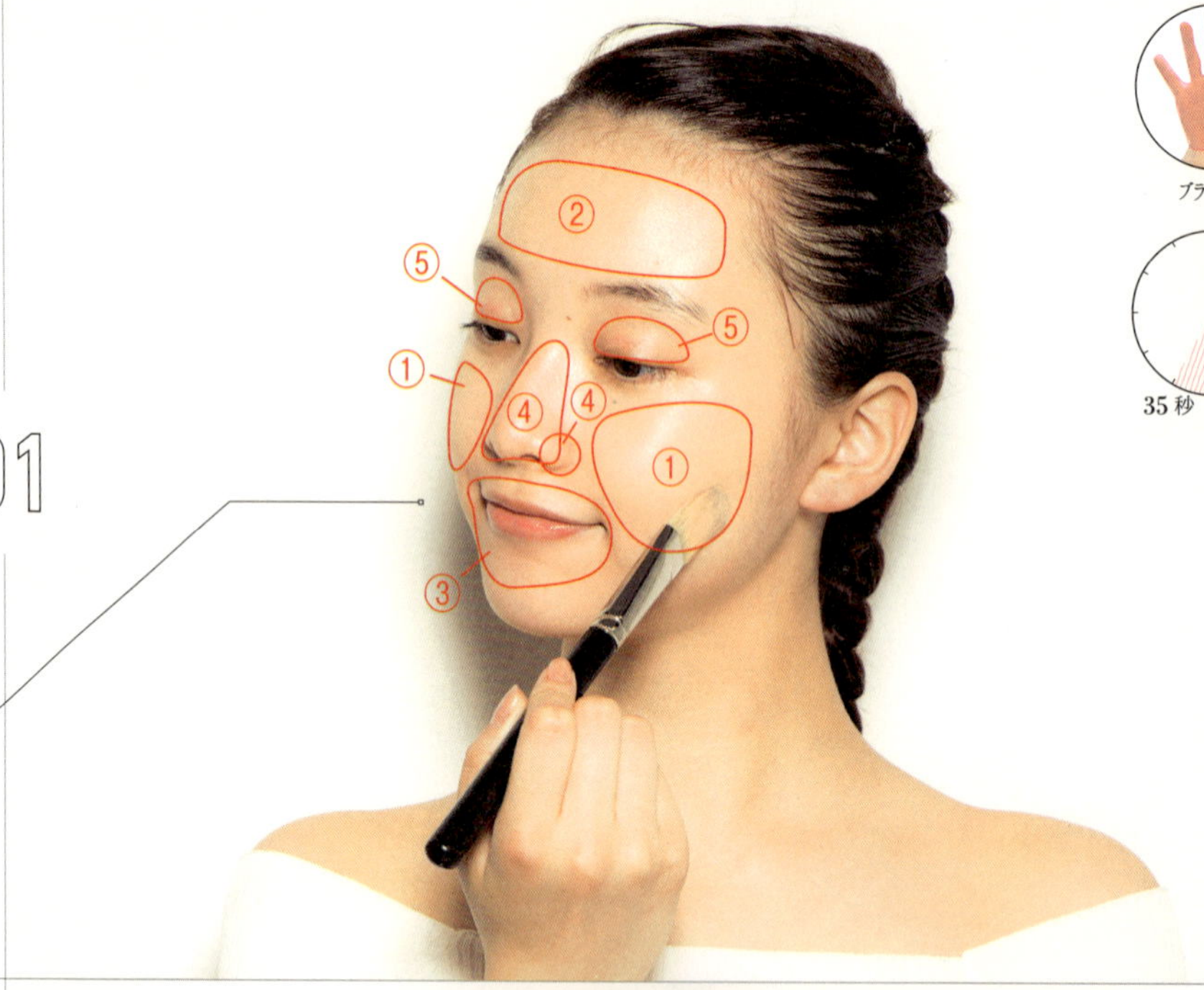

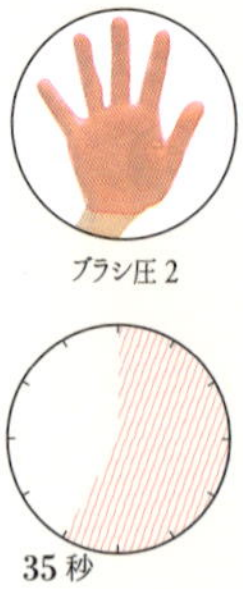

02 塗る方向がキレイな仕上がりのキメ手

「広くフラットなところからのばして、凹凸があるところは後にするのが基本ルール。最初は頬から。そのあとおでこ、鼻まわり、まぶた、口のまわりの順に」

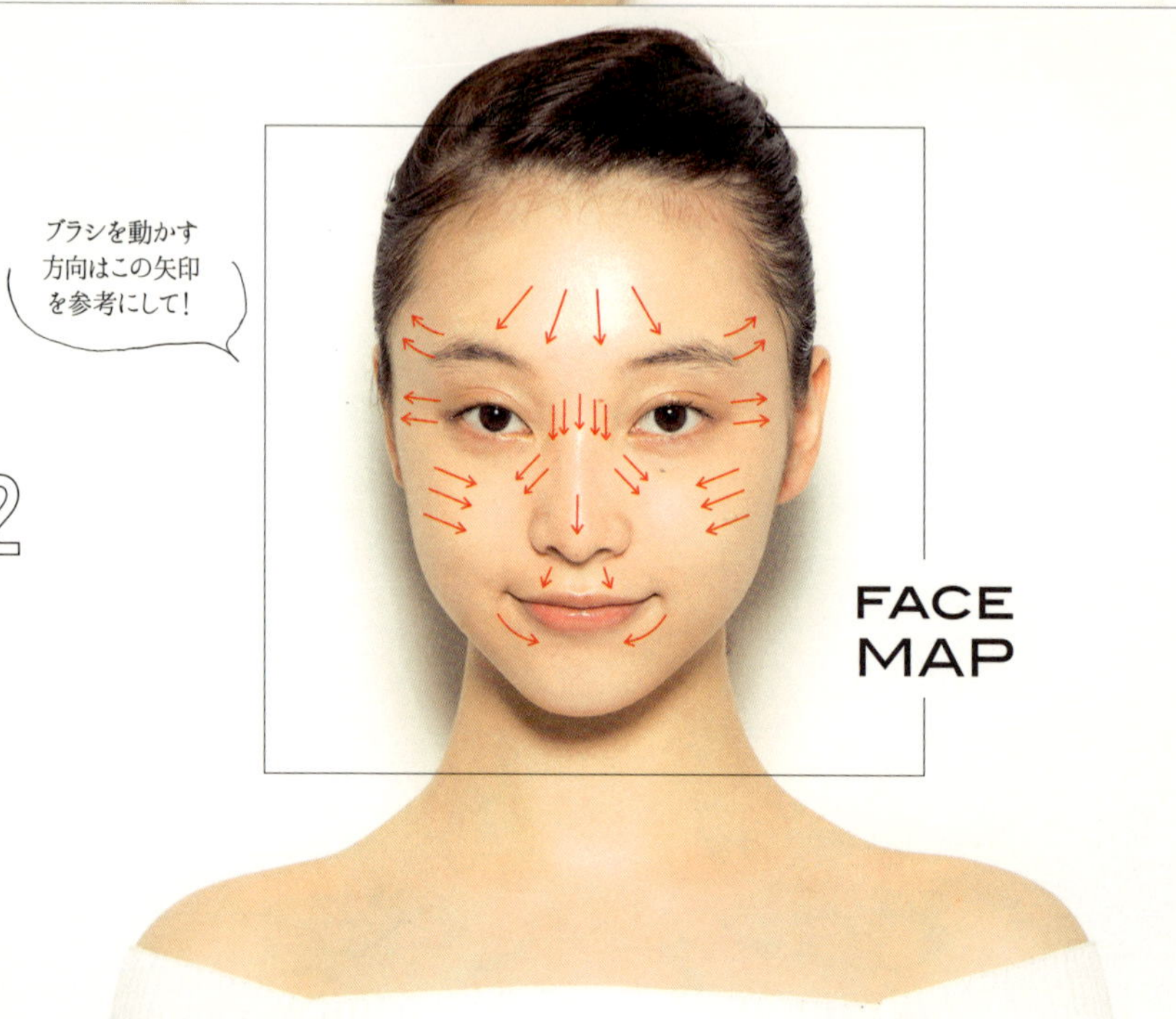

それでも恋するバルセロナ／ミニマムながら少し飾り気がある衣裳を着こなす女性像が素敵。
¥1429　発売元:ワーナー・ブラザース ホームエンターテイメント

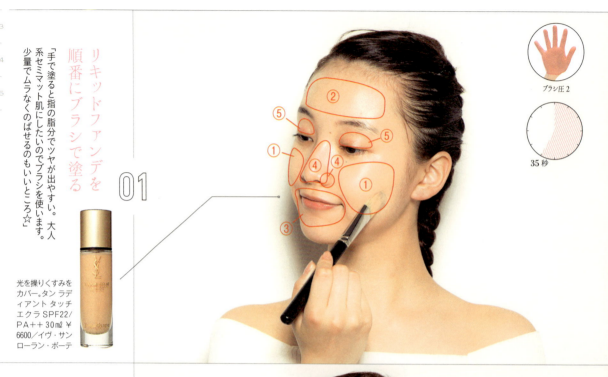

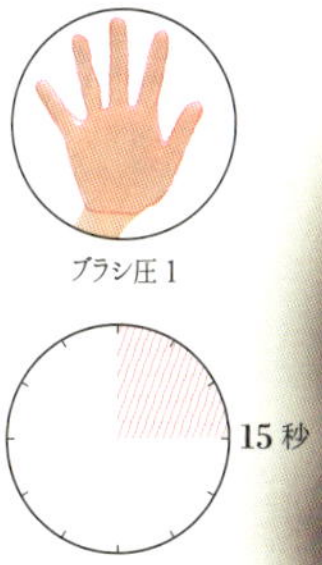

03

気になるところはコンシーラーでカバー

「小鼻や目尻のまわり、唇の輪郭のガタつきをカバーして、指でポンポンなじませて。ニキビ跡はブラシの軸の先端で境目をなぞると目立ちません」

濃淡2色とフィックス用のパウダーをセット。ルナソル パレットコンシーラー ￥4000／カネボウ化粧品

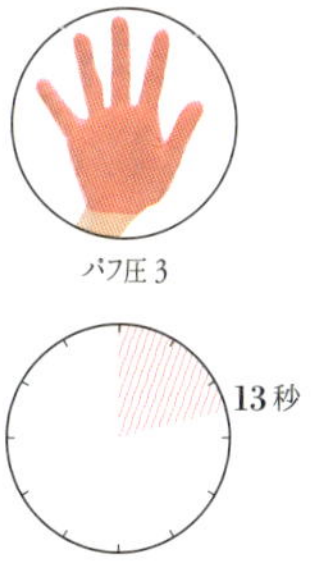

04

ベースの一環として〝持ち上げチーク〟を

「頬骨の下のくぼみから、頬骨を持ち上げるようにチークを入れます。肌と一体化させたいので、クッションタイプやクリームタイプを」

みずみずしいリキッドのチーク。クッションブラッシュ スブティル 021 ￥5600／ランコム

インスピレーション映画 －

ティファニーで朝食を／オードリーのヘアとメイクのバランスはやっぱり絶妙ですよね。
¥1429　発売元:NBC ユニバーサル・エンターテイメントジャパン

05

パウダーファンデを〝ポンポンづけ〟する

「パウダーファンデを頬にポンポン軽くたたくようにつけます。大切なのはスポンジにとる時もポンポンすること。つき過ぎを防げます」

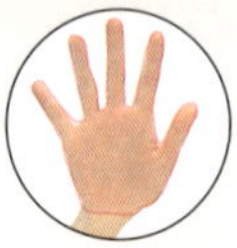

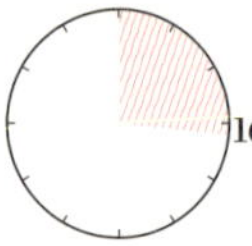

肌に溶け込むような心地いい使用感。AQ MW エレガントグロウ パウダーファンデーション SPF25/PA++ ¥11000(セット価格)/コスメデコルテ

06

手のひらでじんわりなじませる

「パウダーファンデをつけたら、顔を手のひらでやさしく包みます。手のぬくもりと湿度、脂分で、下地から薄く何層も重ねてきた化粧膜が、じんわりとなじむんです」

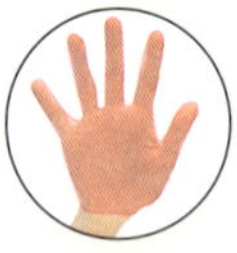

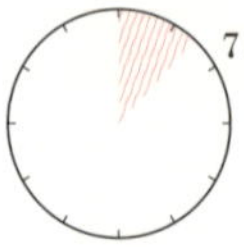

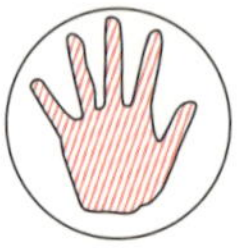

トゥルー・ロマンス／全てのカットがカッコいい。ピンク×水色の使い方があちこちに♡
¥2381（ディレクターズカット版・Blu-ray） 発売元：ワーナー・ブラザース ホームエンターテイメント

07

まぶたのくぼみを仕込んでおく

「ベースの段階でまぶたのくぼみを仕込むと、まるで生まれつきホリ深な人みたいに。眉頭の下のくぼみからアイホールにぼかします」

ここでは左の色を使用。ルナソル フェザリーニュアンスアイズ 02 ¥4000／カネボウ化粧品

08

おでこから鼻筋はハイライトで高く

「おでこは左右にブラシを動かし、そこから鼻先までスッと。大人の場合はパール入りフェイスパウダーを使うと自然でちょうどいいです」

肌に溶け込む繊細なラメの輝き。キッカ ラディアントヌード プレストパウダー 01 ¥8000（セット価格）／カネボウ化粧品

STEP
4

アイメイク

1分 7秒

いよいよみんな大好きアイメイク。今回は大人っぽいグレー×ブラウン×ネイビーのパレットをセレクト。

黒の筆ペンライナーと組み合わせてキリッとノーブルなまなざしに。

01 グレーのアイシャドウを上まぶたアイホールに

「Ⓐのパールグレーを上まぶたのアイホールにのばして、まぶたの立体感を強調。ブラシを左右に往復させるようにふんわりぼかします」

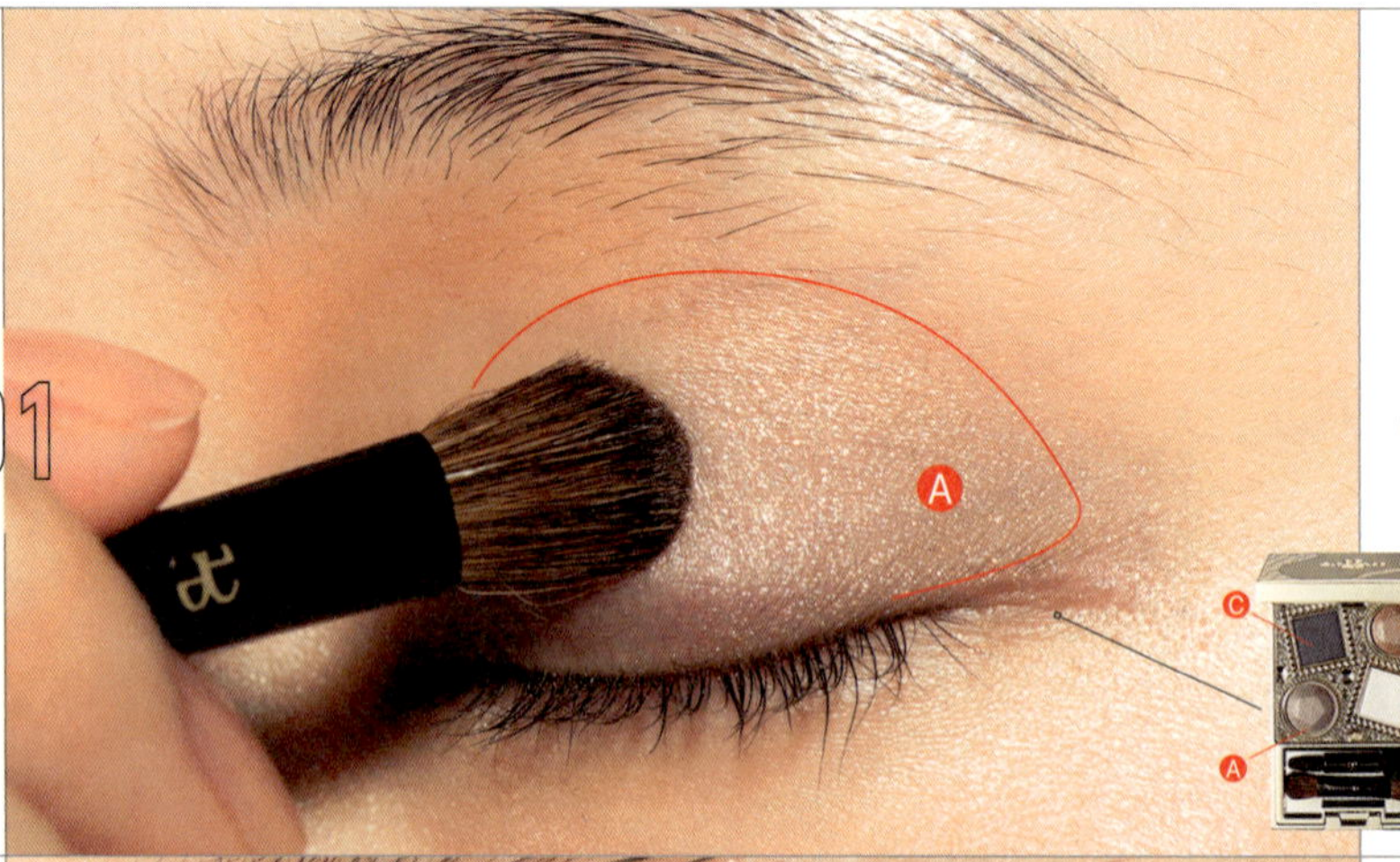

ブラシ圧 1

6 秒

気高くスタイリッシュな目元に。ヌーヴェルアイズ 18 ¥5500／エレガンス コスメティックス

02 ブラウンシャドウを上まぶたのキワにグラデ

「次はⒷのブラウンをチップで上のキワへ。最初は濃くつくので目尻から目頭へ。往復させながら二重の幅にグラデーションさせます」

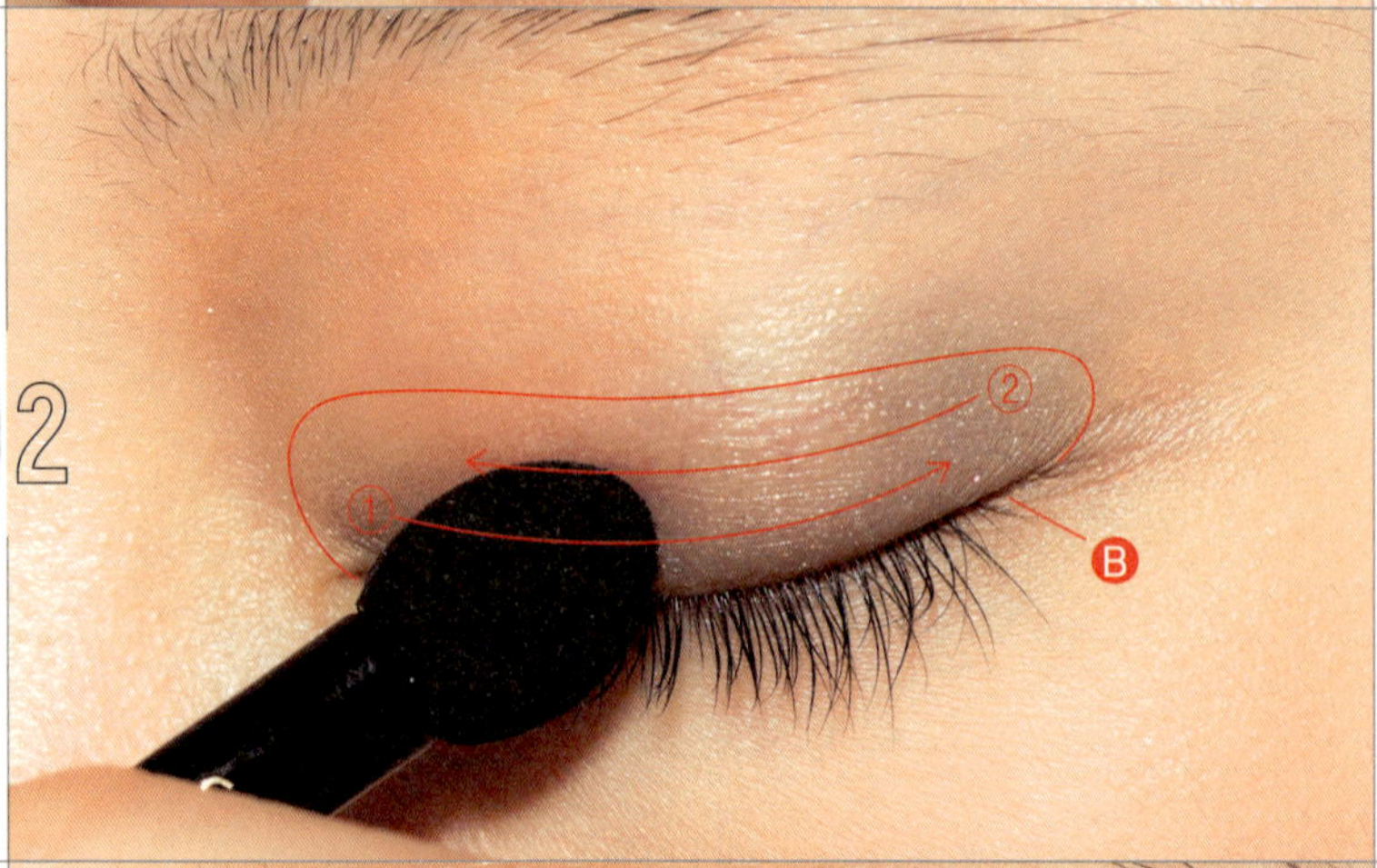

チップ圧 2

5 秒

03 下まぶたの目尻側3/5もブラウンで締める

「Ⓑのブラウンを今度は細いチップにとって下まぶたに。目尻から黒目の下まで、目尻側が太くなるように入れて、目を引き締めます」

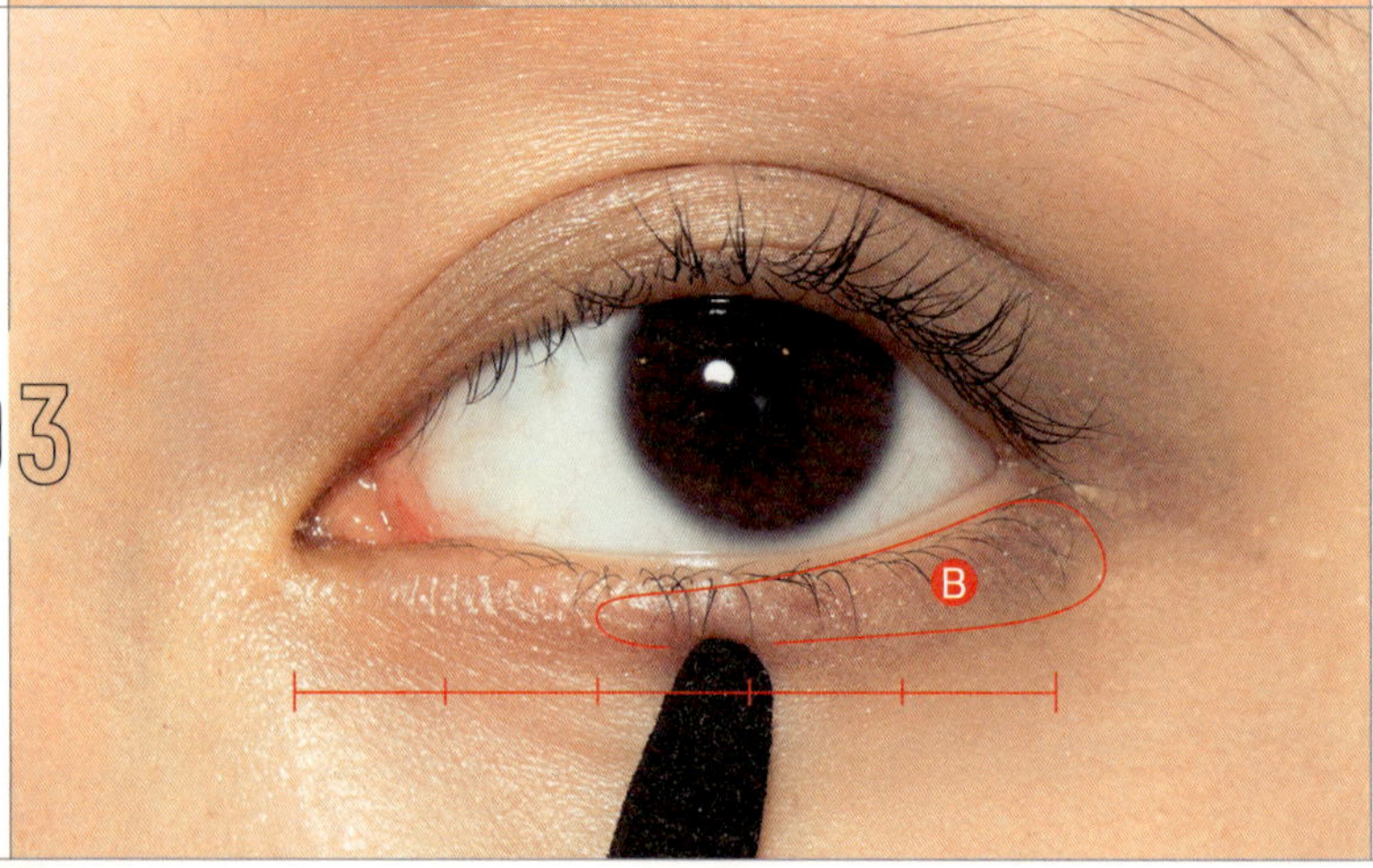

チップ圧 1

8 秒

インスピレーション映画 –

ビフォア・サンライズ　恋人までの距離　<ディスタンス>／茶ががった色合いとうねっとした金髪がナイス。
¥1429　発売元:ワーナー・ブラザース ホームエンターテイメント

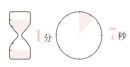

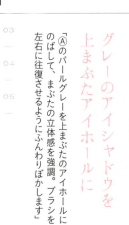

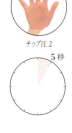

04 上まぶたにリキッドで埋め込みラインを引く

「まつ毛の根元の地肌に埋め込むように、黒のリキッドでアイラインを入れます。まぶた側に少しだけはみ出すように入れるのがコツ」

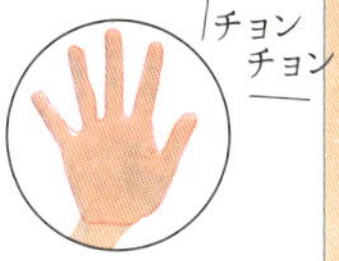

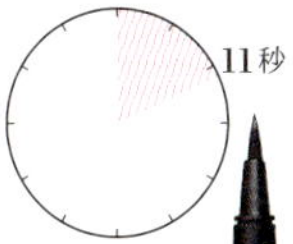

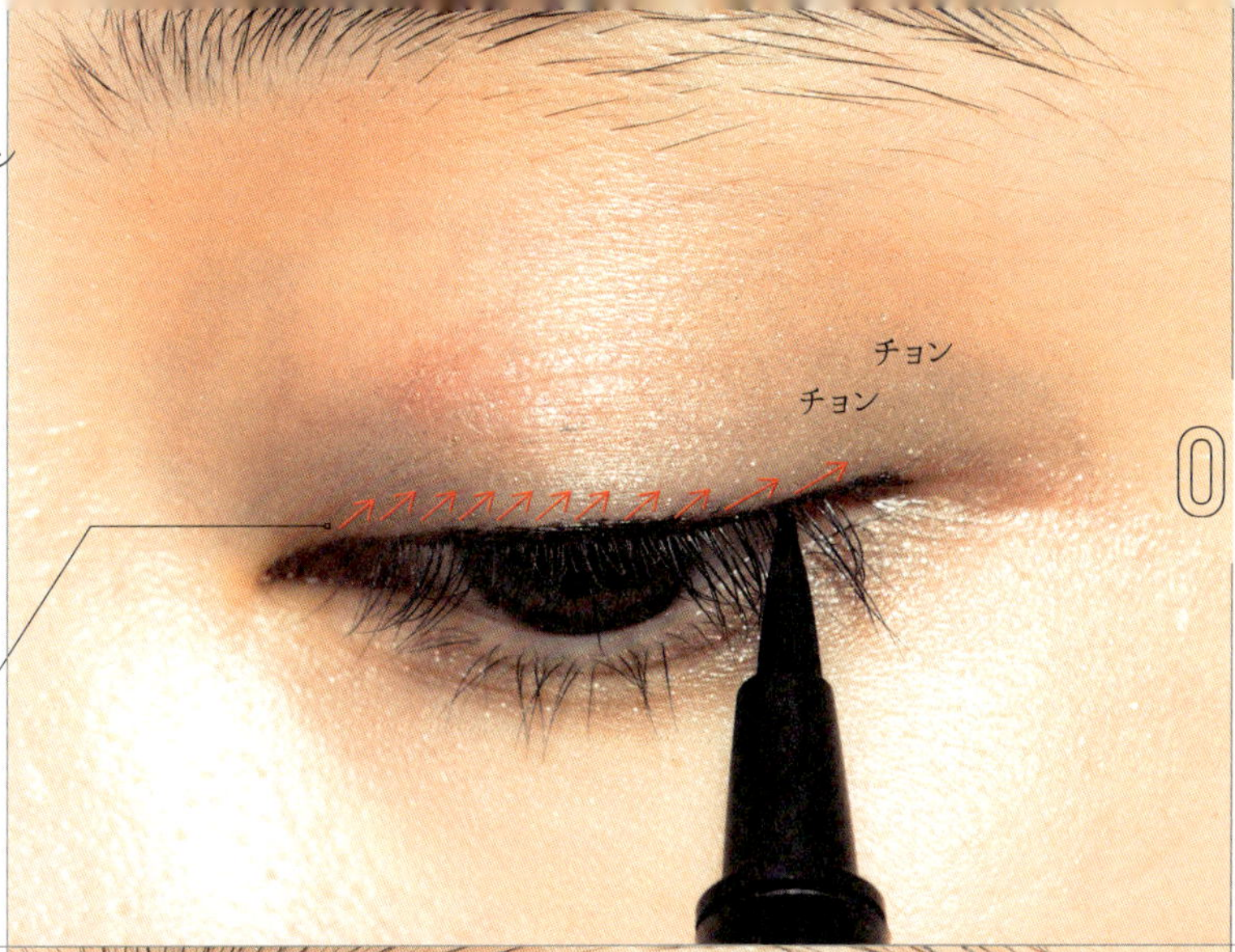

ハリ・コシのある筆ペンタイプ。AQ MW スタイリング リキッドアイライナー BK001 ¥3000／コスメデコルテ

05 ネイビーのアイシャドウをアイラインに重ねる

「エレガンスのⓒのネイビーを、04ではみ出した黒リキッドの上に重ねて、ぼかします。ポンとおさえるイメージ。黒とネイビーのグラデで、より印象的な目元に」

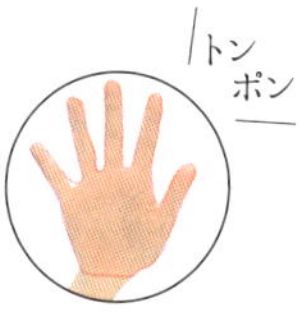

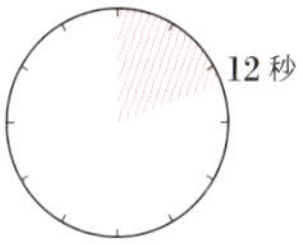

06 下もリキッドでラインを引き、速攻ぼかす

「上まぶたと同じコスメデコルテのライナーで、下まぶたの目尻側1／3にラインを引き、乾く前に綿棒で肌との境目を目頭側へぼかします」

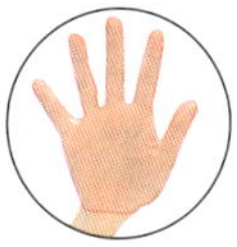

綿棒圧1

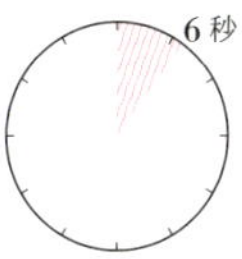

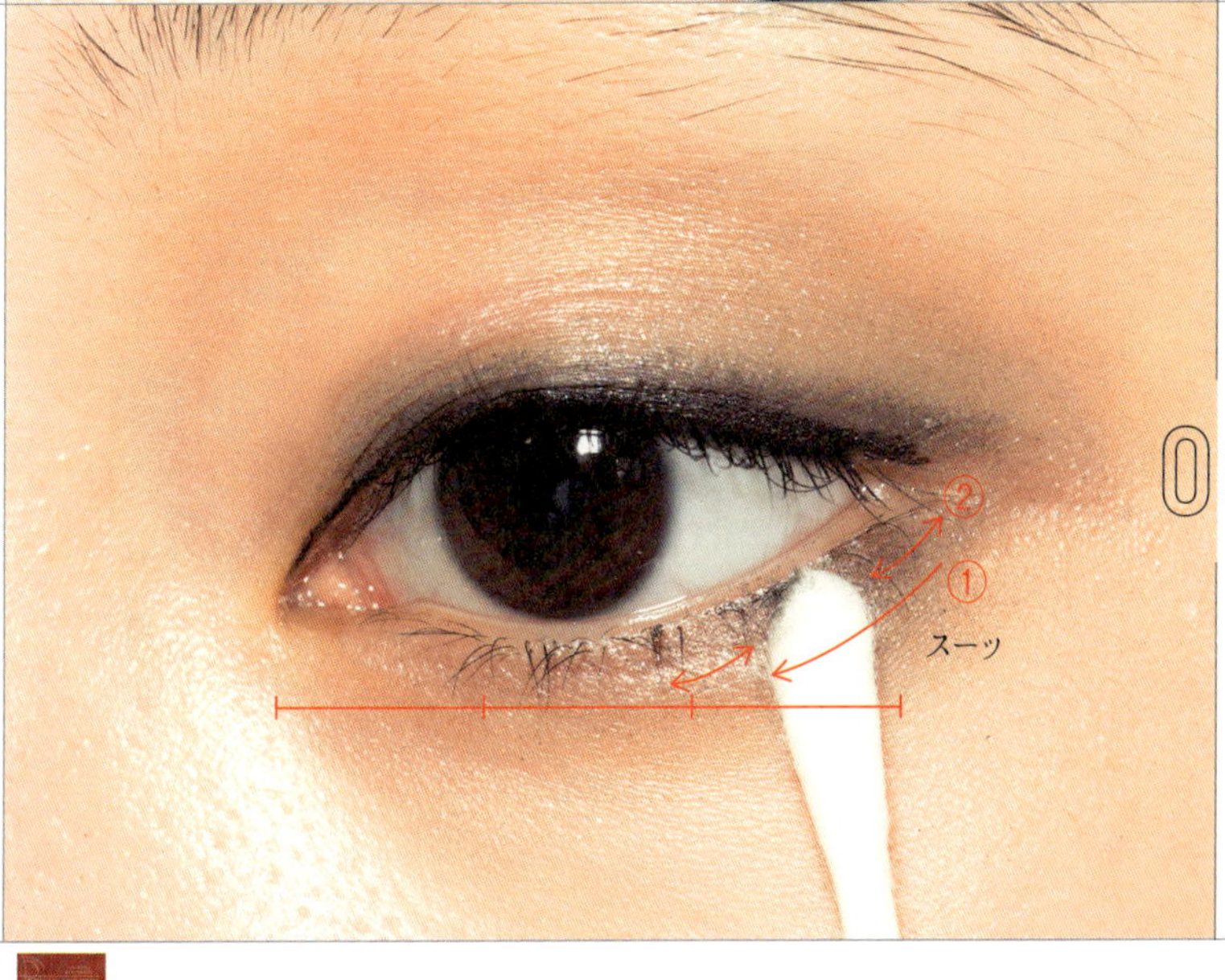

  **ローマの休日**／登場するモノや衣裳のフォルムが素敵すぎ。¥1429　発売元:NBCユニバーサル・エンターテイメントジャパン

07 小さいビューラーで目頭側のまつ毛を上げる

「まつ毛は普通のビューラーで一度カールしてから、小さいビューラーでとり逃がしがちな目頭側のまつ毛をカールすると可愛くなる♡」

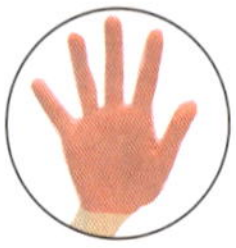

1回目 グッ
2回目 トゥットゥッ

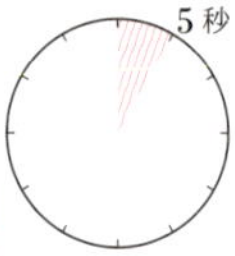

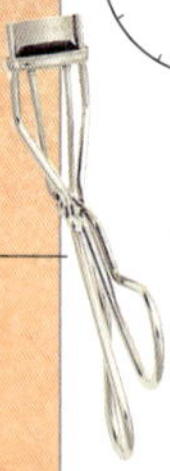

目尻や目頭のまつ毛をピンポイントで狙える。ミニアイラッシュカーラー 215 ¥800／資生堂

08 マスカラは根元を重点的に攻める

「毛先に重ねる人が多いけど、マスカラは毛先1対根元2の割合で。キワに深みを出すと、メイク感を出さずに目が大きく見えます」

グビグビ
シュッ

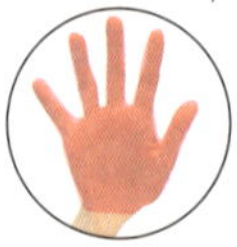

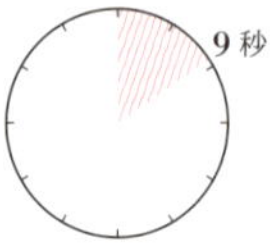

濃いまつ毛に。ファシオ パワフルカール マスカラ（ボリューム）BR300 ¥1200／コーセーコスメニエンス

09 ダマ厳禁！ 塗ったらしっかりコーミング

「マスカラが乾く前に、コームでとかしてダマを取ります。目の細かい金属のブラシを愛用。下のまつ毛にも薄〜くマスカラを塗ります」

ていねいに
コーミング

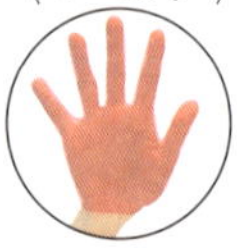

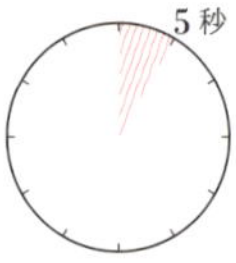

細かくとかせる。ツイーザーマン ホールディング ラッシュコーム／ツヴィリング J.A.ヘンケルス ジャパン

軽蔑／ブリジット・バルドーの作品はまずこれからみて欲しい！　¥1429　発売元:NBCユニバーサル・エンターテイメント

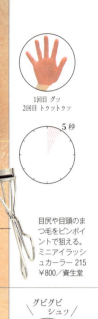

STEP
5

眉づくり

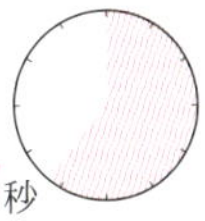
37秒

その人の雰囲気を大きく左右するのは実は眉。描き方やマスカラであえてボサッとしたニュアンスを加えることで、女らしいけれどこびのないカッコいい女性に！

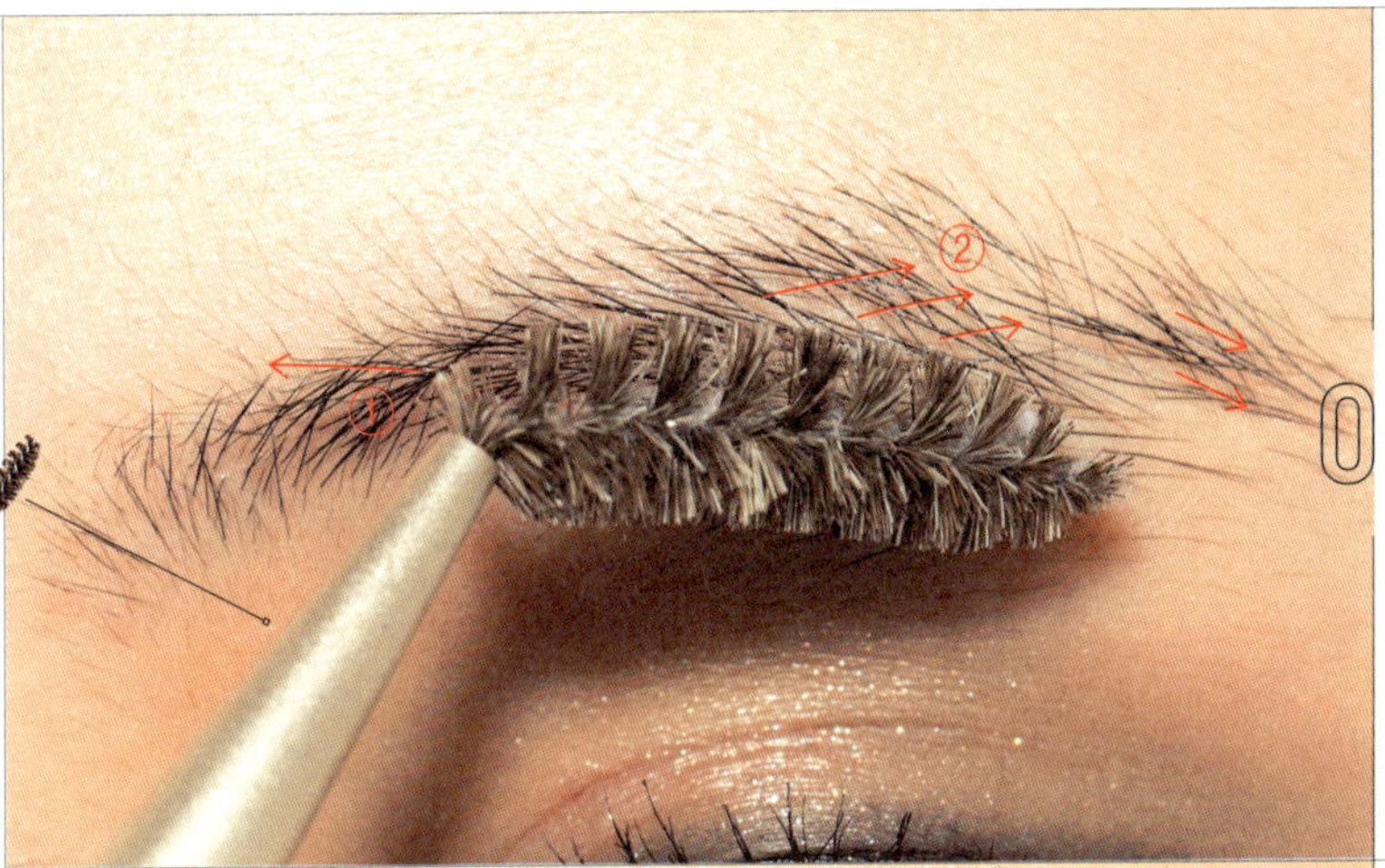

01

まずスクリューブラシで逆にとかしておく

「眉は変なクセがついていることが多いので、まず毛流れに逆らうようにコーミングして毛を立たせてから、毛流れに沿って整えます」

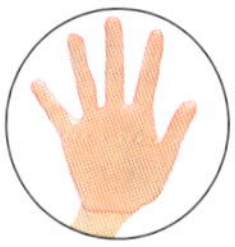
ブラシ圧 1

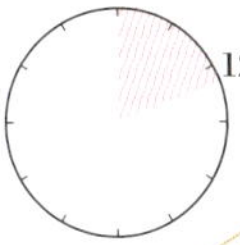
12 秒

眉毛にフィット。チャスティ マイチャーム カーブアップスクリューブラシ ￥2500／シャンティ

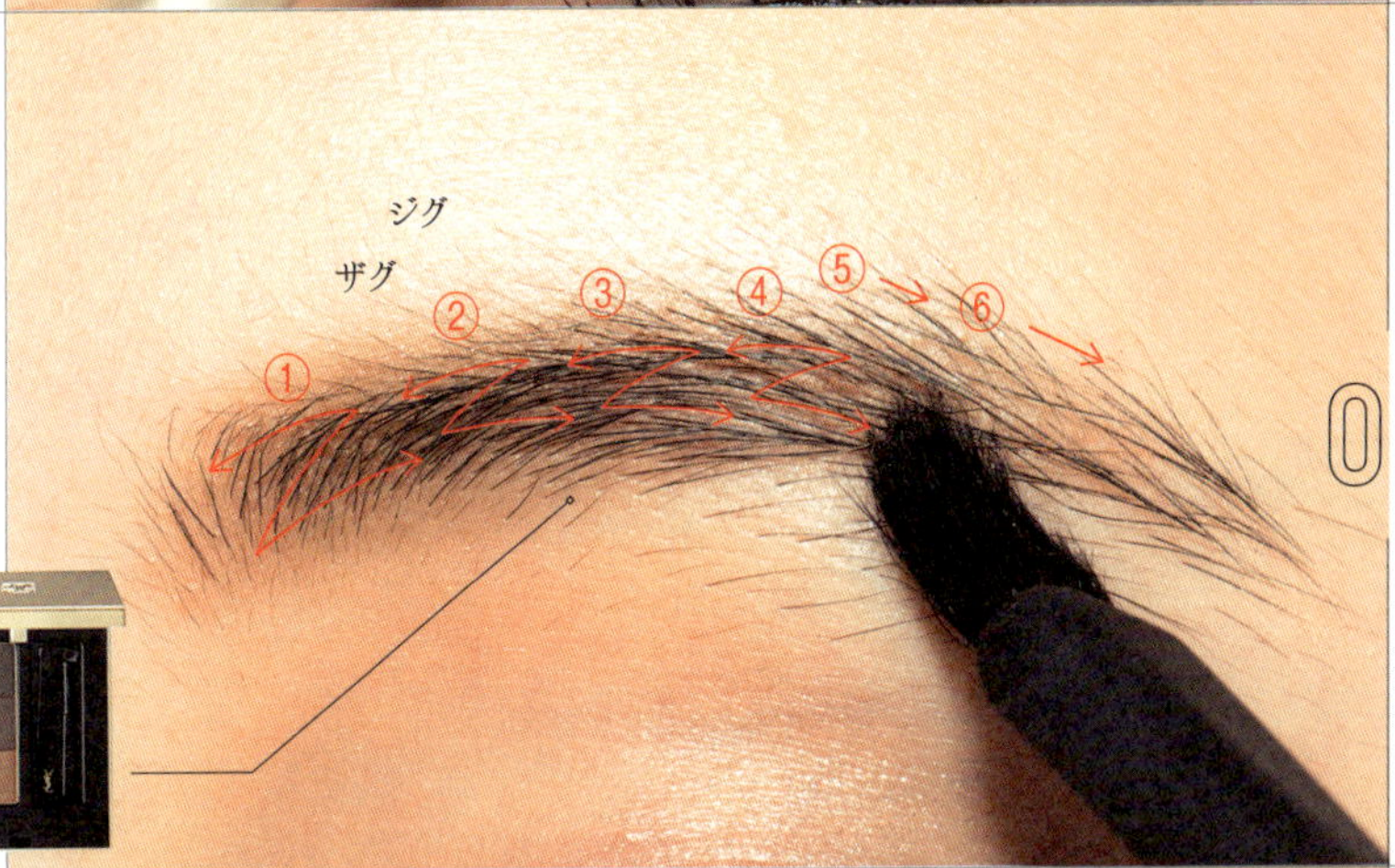

02

パウダーアイブロウを大きめブラシでつける

「こびを感じさせたくないから基本、眉は太めでちょいボサ（笑）。大きめのアイブロウブラシを使ってザクザクまっすぐ描いていきます」

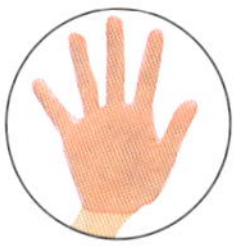
ブラシ圧
2→1

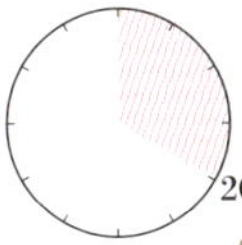
20 秒

上の2色を混ぜて使用。ブロウ クチュール パレット 1 ￥6900／イヴ・サンローラン・ボーテ

03

マスカラを眉にもちょっぴりおすそわけ

「強さを出すためにマスカラを。眉用でなく、まつ毛と同じものでもOKです。スクリューブラシにつけて塗ると地肌につきにくくなります」

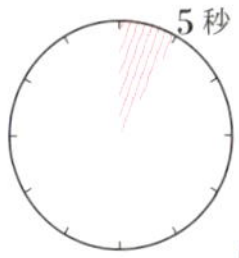
5 秒

ファシオ パワフルカールマスカラ(ボリューム) BR300 ￥1200／コーセー コスメニエンス

インスピレーション映画 －

勝手にしやがれ／メンズライクな外見の人がもつ意外な乙女心に惹かれちゃいます。
￥3800（Blu-ray）　発売元:NBCユニバーサル・エンターテイメント

STEP
6

リップメイク

52秒

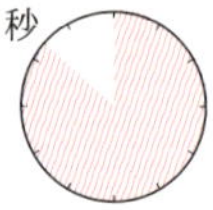

イガリさんが選んだのは赤リップ。唇を"ん〜まっ♡"としてなじませることで、赤もキュートでカジュアルな印象になる。さらにグロスを重ねてツヤツヤに♪

01 リップとの相性が重要なチークを重ねる

「先にチークを仕上げると、リップとのバランスがとりやすい。頬骨の下のくぼみから頬骨を持ち上げる感じで、ふんわりぼかします」

ほんのり色づくピンク。ピュアカラー エンヴィ ブラッシュ 08 ¥5600／エスティ ローダー

02 赤口紅を唇の内側につける

「口紅は木の実のような、ちょっと秋っぽい雰囲気のある赤を選びました。リップブラシで唇の内側に、ちょっと多めにのせていきます」

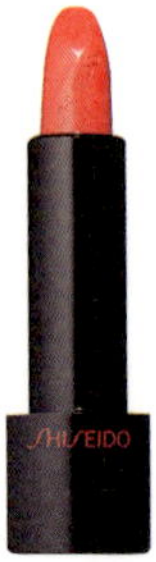

オレンジがかったキュートな赤。資生堂 ルージュ ルージュ RD306 ¥3600／資生堂インターナショナル

風と共に去りぬ／40年代の女性の髪型やファッションなどのバランスは、とっても参考になります！
¥2381（Blu-ray） 発売元:ワーナー・ブラザース ホームエンターテイメント

03

上下の唇を合わせて "ん〜まっ♡"

「ん〜まっ♡として口紅をのばすと、ほんのり色づいているような唇になる。リップブラシでは不可能な、絶妙なグラデができるんです」

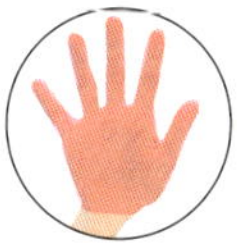

んー3
まっ♡3

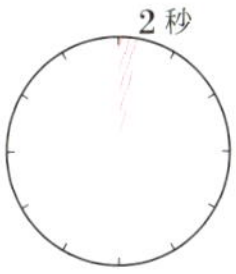

04

グロスのツヤで唇全体を包み込む

「グロスを唇全体にのせて、ん〜まっ♡のグラデをとぅるんとしたツヤで閉じ込めます。ツヤとグラデの相乗効果で立体感のある唇に」

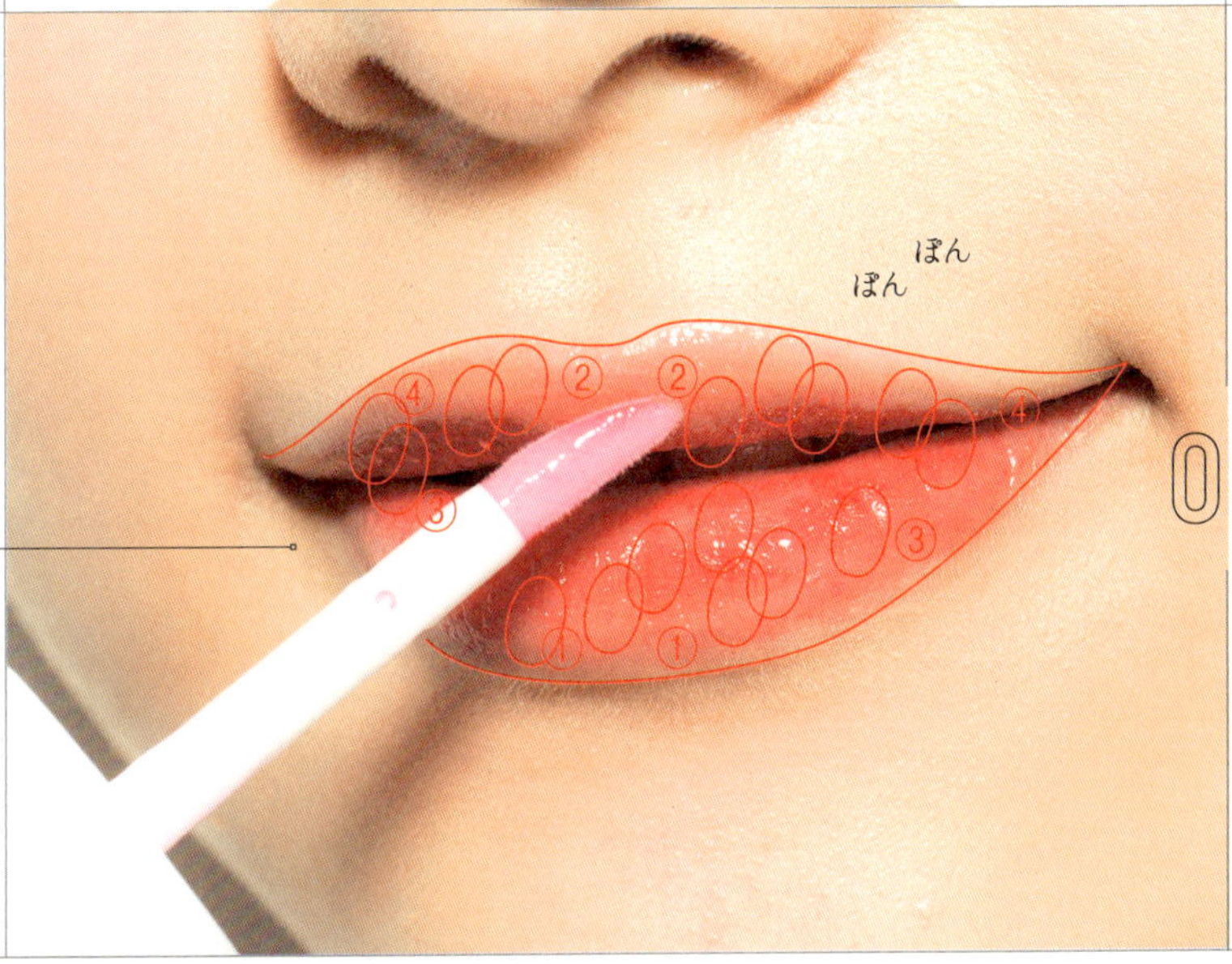

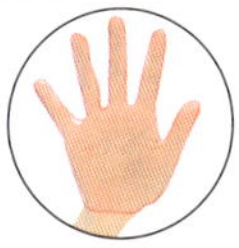

トントントン
トントントンで1

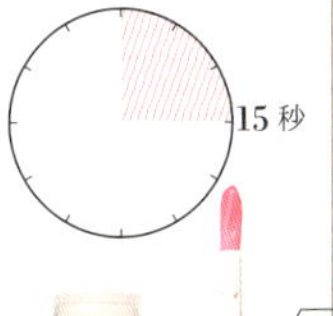

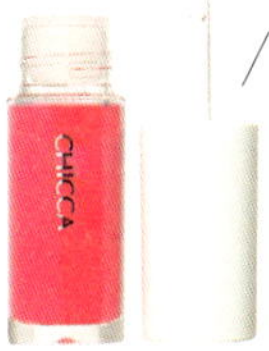

うるんだ質感。キッカ メスメリック ウェットリップオイル 01 ¥3200／カネボウ化粧品

ファクトリー・ガール／この世界、一度でいいから生で見たい！　体験したい！
¥3800　販売元:エイベックス・ピクチャーズ

STEP
7

仕上げ

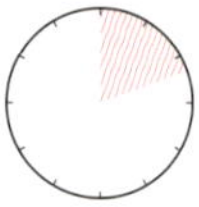

指や手のひらを自在に使ってナチュラルで可愛い顔をつくるイガリ化粧。最後はやはり指を使ってなじませるひと手間でパーフェクトな仕上がりに！

01

ポイントメイクをベースになじませる

「目の下や頬に、人差し指と中指、薬指の腹を当てて軽〜くプッシュ。これでファンデやチークのフィット感がさらに高まります」

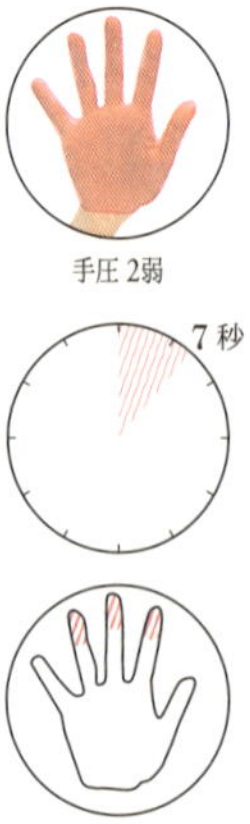

02

ほうれい線をプッシュしてヨレを防止

「中指をほうれい線に沿わせて、押し上げるようにプッシュ。ファンデのヨレを防ぎます。化粧直しのときにもこれは有効なテクニック」

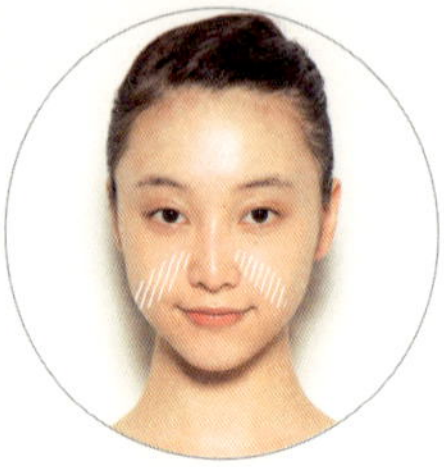

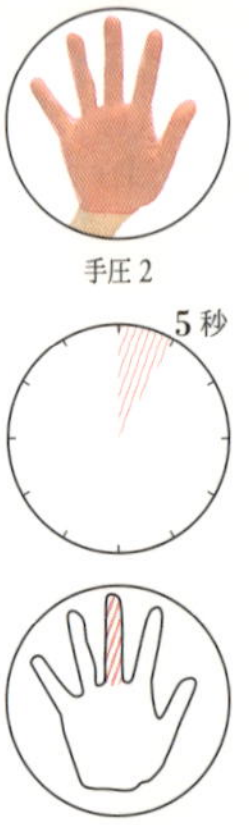

オフショルダートップス¥6800
／デュラス アンビエント

マイ・ブルーベリー・ナイツ／女にとって"恋は栄養"と感じさせてくれる作品。こってりした色合いも好き♡
¥1800　発売元:アスミック・エース

出来上がり！

ブラウンリブニットワンピース ¥16000／ザ デイズ トウキョウ 渋谷店（ザ デイズ トウキョウ） スカーフ ¥2100／ミディ 広尾店

美人でオシャレ。これぞコンサバ5歩手前メイク！

目元はネイビーで上品に。眉で強さをプラスして、唇はツヤレッドで女っぽく。
美人度もモード感も高い新・大人の定番メイクが完成！

インスピレーション映画 –

時計じかけのオレンジ／目の下にアイラインで描くまつげのインスピレーションは、この作品！
¥2381（Blu-ray） 発売元:ワーナー・ブラザース ホームエンターテイメント

「プチプラだけど高級顔」メイク

「盛り」を楽しめるのはプチプラならでは。
上品な大人顔もこのとおり

グレーリブニット ¥14000／ドロワット・ロートレアモン　グレーガラス玉ピアス ¥18000／ココシュニック

プチプラの魅力は、〝盛れること〟だよね。コスパがいいのはもちろんだけど、粒子が軽いコスメが多いので、その分盛ってしまっても重たさを感じず、目もと、頬、リップの3点盛りをしてもバランスが取りやすいの！

1／4色のチークを使い立体感も血色感もオン

dの右を頬骨から斜め下にスッと。その上に、eを2色混ぜて頬骨の上のラインにのせて。dの左を涙袋と鼻筋に入れて立体感を出す。

2／目元は深みを出して。ネイビーで色っぽく

gの右から2番目のネイビーと右から6番目の暗めパープルを1：4の割合で混ぜる。アイホール全体にブラシで丁寧になじませて。

3／ちょっぴりのはね上げで可愛らしさも忘れずに

アイラインはfを上まぶたの全体に入れ目尻を少しだけはね上げて。その上にgの右から2番目をさらに重ねづけ。

4／暗め色のチョイスで、お高い印象に見せる

iの2色をブレンドしブラシで眉全体になじませる。自眉より暗めの色を選べば、ぐんと大人っぽい表情に。

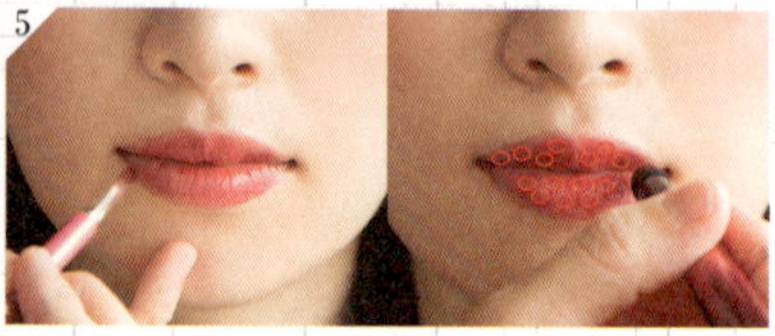

5／重ね色は点々ランダムに。その名も草間彌生塗り（笑）

jのリキッドはブラシで塗りベタッと感をさけ、さらにkのクッションルージュを点で置き、じゅわっと感を。

aラベンダー色のクッション下地。プレシャスミネラル マジカル エニークッション ラベンダー ¥2000／エチュードハウス　b均一肌に。ピュアミネラル BB フレッシュクッション 01 ¥2400／メイベリン ニューヨーク　cシミをカバー。エテュセ プレミアム パーフェクトクリアコンシーラー ¥2300／エテュセ　d自然な血色感。ケイト デュアルブレンドチークス BR-1、e立体感をオン。同 PK-1 各¥1400／カネボウ化粧品　f極細の黒。ファシオ スリムリキッドライナー BK001 ¥1000（編集部調べ）／コーセーコスメニエンス　g1つで変幻自在。カラーリッシュ ラ パレット ヌード 03 ¥2700／ロレアル パリ　h濃密ボリューム。ボリューム エクスプレス ラッシュセンセーショナル フル&リッチ 01 ¥1600／メイベリン ニューヨーク　i簡単ふわ眉。ブロウアーティスト ジーニアスキット 01 ¥1600／ロレアル パリ　jグラマラスな唇に。エクストラ オーディナリールージュ 307 ¥1800／ロレアル パリ　kポンポン塗ってラフに仕上げて。ティント カレス B08 ¥1700／ロレアル パリ

用途に合わせて使いこなしてこそ大人 プチプラマトリックス

イガリシノブがアラサーに向けたプチプラをチョイス。ハイクオリティかつALL2000円以下。早速チェックして！

発色濃いめ

ひと塗りでしっかり発色。パールのきらめきとオレンジが絶妙

ヴィセ アヴァン シングルアイカラー 008 ￥800（編集部調べ）／コーセー

ピタッと密着して落ちにくく、さらに高発色の大人ルージュ

ケイト カラーラッピングルージュ RS-1 ￥1400／カネボウ化粧品

ピンクゴールドのラメが輝くボルドーカラーで大人の表情に

エスプリーク セレクト アイカラー PU101 ￥800（編集部調べ）／コーセー

リップケアをしながら、しっかり発色するグロストリートメント

ケイト CCリップトリートメント 01 SPF21・PA++ ￥800／カネボウ化粧品

細い毛もキャッチ、大人のボリュームで濃密なまつ毛をゲット

メイベリン ボリューム エクスプレス ラッシュセンセーショナル 02 ￥1600／メイベリン ニューヨーク

いろんな色の入ったラメが繊細にきらめくウォームグレーで

ヴィセ アヴァン シングルアイカラー 015 ￥800（編集部調べ）／コーセー

使いやすい3色のブラウンシャドウはプチプラでもマスト

ケイト フォルミングエッジアイズ BR-2 ￥1400／カネボウ化粧品

4色を使用すれば目もとをナチュラルに大きくさらに立体感もUP

ケイト ブラウンシェードアイズ BR-6 ￥1600／カネボウ化粧品

上質なアメジストは大人の目もとにこそ似合う絶品カラー

エスプリーク セレクト アイカラー PU102 ￥800（編集部調べ）／コーセー

マットに仕上がるクッションリップはグラデも簡単に

ティント カレス 03 ￥1700／ロレアル パリ

ベーシック

トレンド

フラットなペンシルと微細なパウダーの便利な2WAYアイブロウ

エスメイクプラス イージーアイブロウ 01 ￥1200／コージー本舗

ぽってりしたツヤ唇に仕上げ、荒れている唇も整えるリップ美容液

ファシオ フルプランプリップエッセンス CC Ⅱ 002 ￥1200（編集部調べ）／コーセーコスメニエンス

シャドウ、アイブロウ、コンシーラーとして1本でマルチに使える

プレイ101 ペンシル 28 ￥833／エチュードハウス

クリームとパウダーの2色を重ねればじゅわっとした頬が完成

シーティブ チーク カラーズ 2 ￥1800／コージー本舗

ヘルシーなオレンジで、自然な血色感と立体感をプラスして

ケイト デュアルブレンドチークス OR-1 ￥1400／カネボウ化粧品

トレンドのあずき色がプチプラでも登場。オフィスメイクにも最適♡

キャンメイク パウダーチークス PW38 ￥550／井田ラボラトリーズ

複数色はもちろん、薄づきなので単色でもグラデを楽しめる

ヴィセ リシェ シマーリッチ アイズ GR-6 ￥1400（編集部調べ）／コーセー

頬にピタッとフィット。ピンクのチークで自然なツヤをゲット

チークカラー PK6 ￥1600／エテュセ

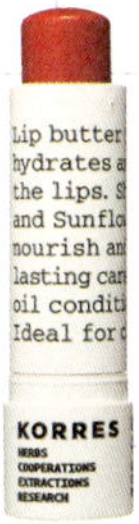

天然のシアバターが唇を乾燥から守り、ナチュラルに発色

コレスリップバタースティック ローズ SPF15 ￥1300／フィッツコーポレーション

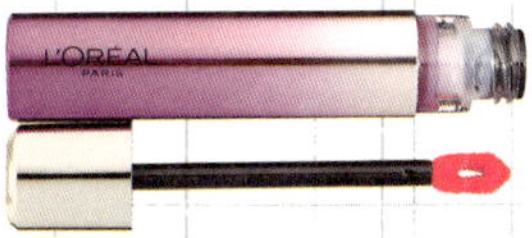

オイルなのに軽い質感、透け感カラーで上品なツヤ唇を

ユイルカレス 808 ￥1700／ロレアル パリ

発色薄め（シアー）

イガリ語録 三点盛り……メイクにおいて目、頬、唇の三点を全て盛って仕上げること。基本的にはタブーだが、P046のプチプラメイクでは、それがバランスよく叶う。

日本の伝統色を知る

人参《にんじん》色

赤みの強いオレンジ。鬼百合の花の色、タイガーリリーもこれに近い。

橙色《だいだい》

オレンジの果皮の色で、現在は"オレンジ"で親しまれている。

紅緋《べにひ》

紅花、クチナシ、ウコンなどの黄色染料を交染した華やかな色。

蜜柑茶《みかんちゃ》

茶がかったみかん色で、大正時代に大衆の間でよく使われていた色。

コスモス色

秋に咲き乱れるコスモスのように可憐なピンクに少し紫が加わった。

牡丹《ぼたん》色

牡丹の花のような赤紫。明治後期に輸入された化学染料の中の一色。

苺《いちご》色

イチゴが熟した時のような濃い赤に紫が加わった鮮やかな色。

唐紅花《からくれない》

紅花に含まれる黄色素を抜き、完全な紅の色素のみで構成された色。

梅鼠《うめねず》

紅梅色の彩度の低い赤色のことを指す。江戸時代に流行っていた。

柿渋《かきしぶ》色

タンニンを含んだ柿の渋の色。色調が薄めの赤みのある茶。

薄蘇枋《うすすおう》

黒みを帯びた薄い赤。蘇枋は紅花の代わりに使用されていたことも。

小豆《あずき》色

小豆のようなくすみのある赤茶。色名が広まったのは江戸時代。

赤白橡《あかしろつばみ》

源氏物語にもでてくるほど昔からあり、上皇の着る高貴な色だった。

支子《くちなし》色

くちなしの花は白いが、その種子から採れた色素で染めた色のこと。

ひまわり色

ひまわりの花のように少し赤みがかった鮮やかな黄色をいう。

萱草《かぞう》色

夏、百合に似た花をつける萱草の色で、明るいオレンジ色を指す。

イガリ的色論

歴史に基づいて生まれた和の色、日本の伝統色は、色そのものはもちろんのこと、つけられた名前も美しいのです。この色はこうやって生まれたんだと少し意識して、メイキャップや日常にさりげなく取り入れてみれば、自分を格式高く持ち上げてくれるでしょう。そして、私たちが伝統色にどうしても惹きつけられてしまうのは、DNAレベルで根付いた美意識からかもしれません。みなさんも和の心を、かみしめてみてください。

出典：「日本の伝統色」(DIC)

亜麻《あま》色

明治以降に使われるようになった黄みがかったソフトベージュ。

赤香《あかこう》色

ちょうじの実の煎汁で薄く染めた時の色に、ほんのり赤みを加えた。

路考茶《ろこうちゃ》

江戸歌舞伎役者の女形二代目瀬川菊之丞が好んでいた茶の色という。

枯葉《かれは》色

晩秋を想わせる木から散った枯葉のような黄みが入った茶色。

青白橡《あおしろつばみ》

赤白橡と同様、天皇の平常着のため高貴な色で、禁色とされていた。

抹茶《まっちゃ》色

茶道で用いるときの抹茶のような、繊細でやわらかい色合いの黄緑。

麹塵《きくじん》

麹の花からきた色名。灰色がかった黄緑で、別名、山鳩色ともいう。

海松《みる》色

浅海の岩石に着生する緑藻が色名の由来。茶みを帯びた黄緑色。

イガリ語録　昭和の技……メイクのテクニックも、昭和の時代からあるような古典的で基本的なものが案外よかったりする。ていねいにするコンサバメイクと相性がいい。

桜桃色《さくらんぼ》

少し紫がかった濃いめのピンク。桜の花ではなく、さくらんぼの色。

若苗色《わかくさ》

稲の若菜のような黄緑。春の七草のイメージから若菜色とも言われる。

豌豆緑《えんとうみどり》

豌豆の鞘の中に並ぶ豆粒からきた色名で、淡い黄緑色のこと。

緑青《ろくしょう》

奈良朝の時代に中国から伝来。建物や青銅の古い記念像の色を指す。

山藍摺《やまあいずり》

古来から山野の湿地に自生する山藍の葉のような淡い緑色である。

常盤緑《ときわみどり》

常盤樹の深い緑色からきた色名で、神聖な祭礼には欠かせない色。

紅《べに》色

奈良時代から化粧料として用いられた紅は、現在でもおなじみの色。

鉄《てつ》色

鉄分が含まれる陶器の釉薬《うわぐすり》に用いられる色からきた色名である。

墨《すみ》色

書画に使用する墨の色。国によって墨色も微妙に違い、日本は茶寄り。

葡萄色《えびいろ》

名前の由来は野生のえびかずらからきている。紫がかった濃い赤。

古代紫《こだいむらさき》

今日の鮮やかな紫に対し、にぶめの紫を指す。京紫も同じような色。

梅紫《うめむらさき》

ややにぶい調子が強い赤紫。色名の梅は紅梅のことを指している。

濃色《こいろ》

平安時代には"濃い"という形容詞は紫系に対して使われていた。

鳩羽紫《はとばねむらさき》

名前の通り鳩の羽根色名の由来で、明治から大正にかけて流行った。

楝《おうち》

4月頃、淡紫色または白の花を付ける栴檀《せんだん》からきた古くからある色。

若紫《わかむらさき》

明るく鮮やかな紫。昔の草木染めでは表現できない彩度の高い色。

桔梗《ききょう》色

平安時代から親しまれてきた色で、秋の七草の桔梗が名前の由来。

二藍《ふたあい》

中国から伝来した紅と藍とで染めた紫色を二藍と呼んでいる。

芥子《からし》色

芥子からきた色名。濁りがある黄色のことで、英名はマスタード。

菖蒲《そうぶ》色

"花しょうぶ"からきた色。端午の節句など祝儀に用いられる。

緋褪《ひざめ》色

厄除けの効果が期待できる色として使用された、にぶめの赤色。

珊瑚《さんご》色

日本人の黒髪に珊瑚の色が似合うため、髪飾りやかんざしに使われた。

朱華《はねず》

日本書紀に記されるほど古い色で、高貴な服の色に使用されていた。

長春《ちょうしゅん》色

彩度の低いローズ色。大正時代に大流行し、長春色の名を当てた。

鶯茶《うぐいすちゃ》

茶色に緑を混ぜたような色。茶色よりオリーブの系統に近い。

鴇《とき》色

鴇の風切羽根の中の優しいピンクはコーラルに似た色合い。

桃《も》花《も》色

桃の花からきた色名。古くから親しまれてきた色で現在も人気。

わすれなぐさ色

わすれなぐさの花のように、可憐でソフトな印象の薄い青色。

空《そら》色

明るい青の総称としてよく使われる、現在でもなじみの深い色。

青藤《あおふじ》

藤色やラベンダーのような紫がかった薄目の青色のことを指す。

海松茶《みるちゃ》

茶が混ざった深いオリーブのような色調。媚び茶も似た色である。

花浅葱《はなあさぎ》

露草の花色と浅葱の花のちょうど中間のような美しい青色。

紺碧《こんぺき》

"紺碧の空"など、鮮やかな青緑色を言い表す時に使われる。

縹《はなだ》色

古くからある色で、濃縹や浅縹など濃淡でさらに色を分けられる。

藍《あい》色

江戸時代以降、藍染めの技法が発達するにつれ定着した青色。

群青《ぐんじょう》色

日本画の絵の具にもある濃いめの青。英名はウルトラマリン。

イガリ語録　余韻を残す……「お化粧」に必須の工程。チークを重ねて内側から余韻を。まつ毛は目頭側を上げて目尻の目線に余韻を。リップをラフに塗って幸せの余韻を。

第三章

イガリ的丁寧な解説付き

肌色別！顔型別！etc.
カラーチャートで塗り比べ集

この章では、肌色別のベースメイク法から、顔型別のチークの入れ方、眉、目元、リップまで、それぞれの自分に似合うコスメ選びやメイクのポイントを伝授します。章末には、自分だけの新しいメイクが完成する楽しい仕掛けも。

使い方をマスターしよう

この章の楽しみ方を紹介します〜

表……メイクを仕上げたパーツのビジュアルとアイテムが載っています。

裏……細かいメイクの方法と使用アイテムの詳細が載っています。

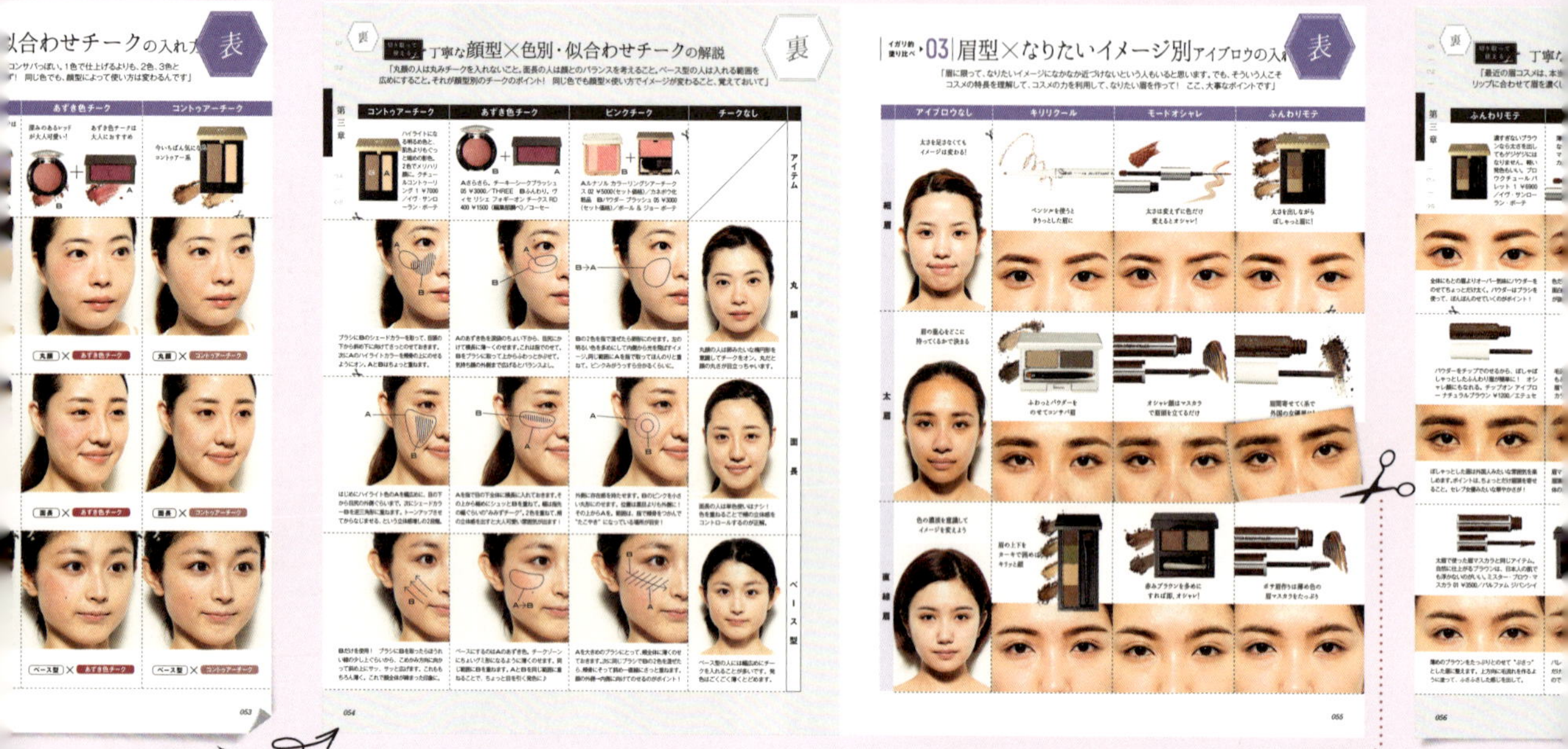

使い方 1
ページをめくると真裏に詳細が！
表のメイク仕上がりを見て、自分に合ったメイクを探してみて。次に、ページをめくって真裏のメイク法やアイテムの詳細をチェック。

使い方 2
気になる箇所をハサミでキリトリ
自分にあてはまるメイクや挑戦してみたいメイク、友達に教えたい箇所や買いたいアイテムは、ちょきちょきハサミで切り取って保存。

使い方 3
P068のノートの上で組み合わせてみよう
切り取ったメイクを所定の位置に貼って組み合わせてみて。中央に自分の顔を貼りつけたら、私だけのオーダーメイドメイクの出来上がり。

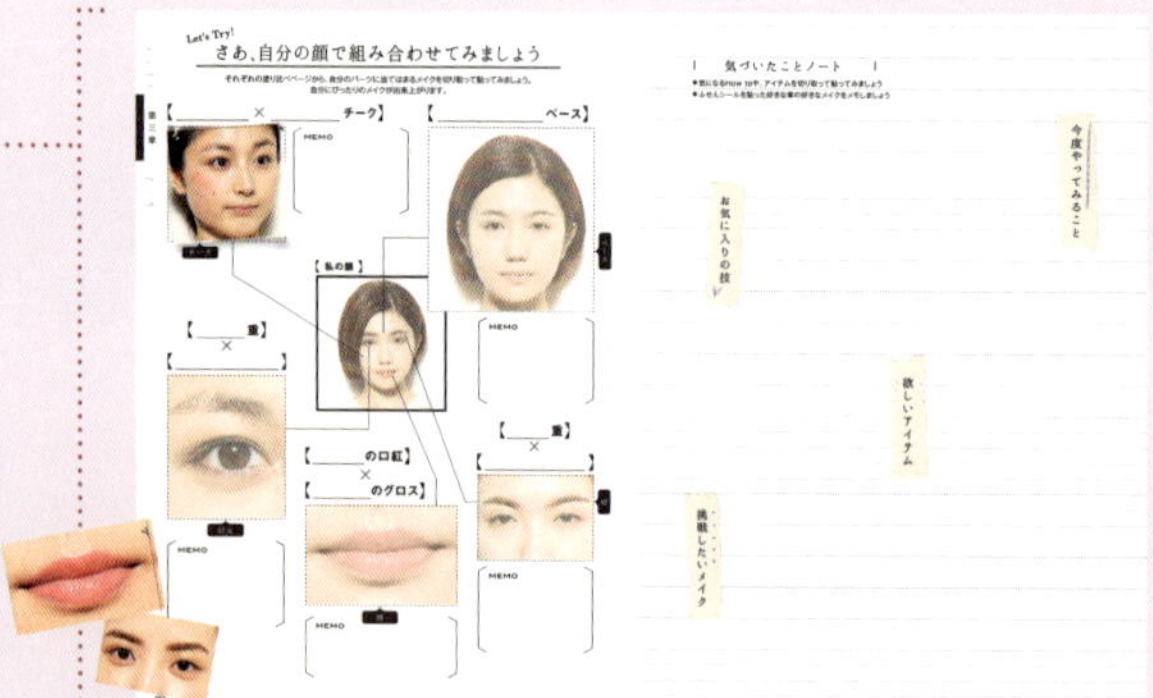

使い方 4
欲しいアイテムややってみたいメイクはP069のノートにメモ
新しい発見、今度の女子会でやってみたいメイク、お給料日に買いたいアイテム……なんでも自由にメモするフリーノートページも活用。

表

肌色別・セミツヤ肌作り

「ツヤのあるベース作りがイガリメイクの基本です。でも、大人の場合はツヤがあるとカジュアルすぎて見えることも。だから、ポイントでツヤを感じさせながら、全体はちょっとマットなセミツヤ肌が正解!」

化粧前・化粧後	アイテム

イエローベース（黄み肌）

基本は肌に近い色を使って。ブルー系ベースをポイント使いして、透明感を引き出します。

肌の色みに合わせてイエロー系の下地を

1 下地はイエロー系を。肌全体のトーンを均一に整えます。ラ バーズ プロ カラー コレクター 04 SPF9・PA++ 40㎖ ¥5800／ランコム

水色のコントロールカラーは目のまわりに集中！

2 目のまわりは反対色のブルーをのせて。うるおった感じも出ます。コントロールベイス（ブルー）SPF20・PA++ 20g ¥2800／イプサ

上まぶたと目の下にピンクのハイライト

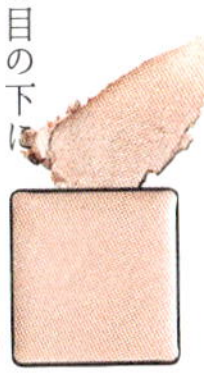

3 オイルっぽさを感じさせるツヤと薄いピンクの組み合わせがほんのり絶妙。フェイス デザイニング コンシーラー H-03 ¥1600／SUQQU

ほどよいツヤ感も残って大人の肌にぴったり☆

4 リキッドだけどフォギーな仕上がり！タン アンクル ド ポー B30 SPF18・PA+++ 25㎖ ¥6600／イヴ・サンローラン・ボーテ

ホワイトベース（色白肌）

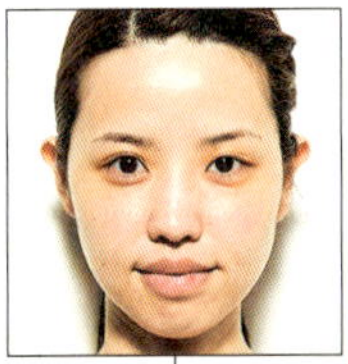

白肌さんは白さを楽しんじゃう気持ちで！目の下だけトーンを落としておくのがコツ。

ラベンダー色をON 肌の白さを楽しむ♪

1 ラベンダー色が白浮きしないのが白肌のよさ。ラ バーズ プロ カラー コレクター 01 SPF9・PA++ 40㎖ ¥5800／ランコム

シルバー系の光沢感でツヤツヤとした印象に

2 しっとり肌に見えるシルバー系下地。ベーシック コントロールカラー 01 SPF20・PA++ 10g ¥2000／RMK Division

日焼け止めをはさんで白肌を守るのも大事

忘れずに使って。ヴィセ リシェ ラスティング UV ベース SPF50・PA+++ 30g ¥1300（編集部調べ）／コーセー

発光しているような明るい肌が完成

3 大人の肌に！アンクル ド ポー ルクッション 20 SPF23・PA++ 14g ¥7500／イヴ・サンローラン・ボーテ

コンシーラーで目元に立体感を仕込んでおく

4 目の下だけに使って肌色のバランスを調整。ヴィセ リシェ CC コンシーラー 01 3.7g ¥1300（編集部調べ）／コーセー

ブラウンベース（色黒肌）

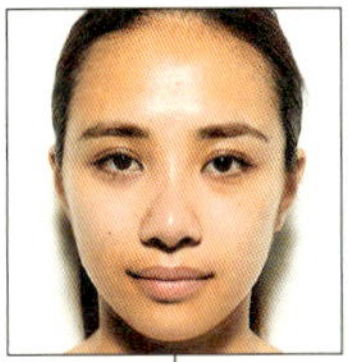

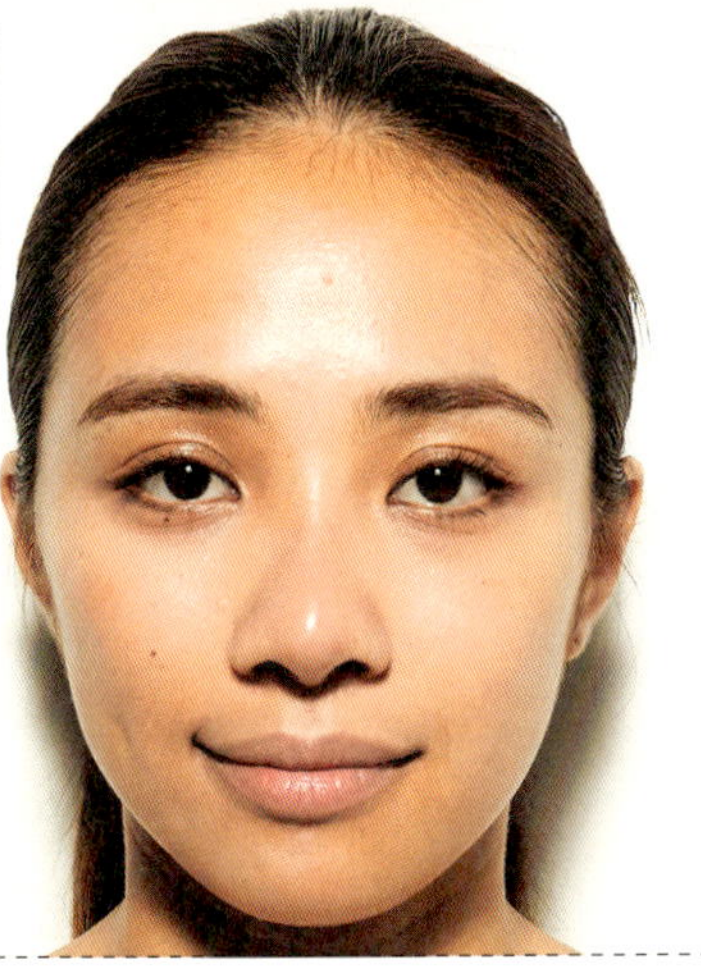

セミツヤに見せるにはシェーディングの使い方がポイント。しっかり肌になじませて！

パープルのコントロールカラーでくすみ消し

1 全体につけると浮いちゃうので部分的に使います。ベーシック コントロールカラー 02 SPF20・PA++ 10g ¥2000／RMK Division

細かい凹凸を整えて肌をフラットに見せましょう

2 肌の凹凸は下地の段階で補整しておきます。クリーミィ ポリッシュト ベース N 02 SPF14・PA++ 30g ¥3500／RMK Division

肌色よりなお暗い色をローライト的に使って

3 使うのは左側。もとの肌色よりも暗い色を使うことで、顔全体を落ち着かせます。シマリング グロー デュオ 01 ¥4500／THREE

ツヤ=うるおい、だからしっとり系BBも使って

4 ファンデよりツヤ感が。パーフェクト メイクアップ プライマー 02 SPF30・PA+++ 30㎖ ¥4500／ポール & ジョー ボーテ

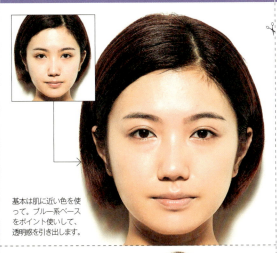

切り取って使える

丁寧な肌色別・セミツヤ肌作りの解説

「肌の色が違えば、使うアイテムも変わってきます。使うアイテムが変わると、どこに使うのかも違ってきます。共通のポイントは、ひとつひとつ、とにかく薄く使うこと。複数アイテムを使うことで完成するセミツヤ肌を楽しんで!」

塗り方

イエローベース

1

イエロー系下地を顔全体に薄くのせます

下地を手のひら全体に広げて、やさしく包むようになじませます。手のひらの熱を伝えながらピタピタとおさえて、下地を肌にしっかり同化させることを意識。

2

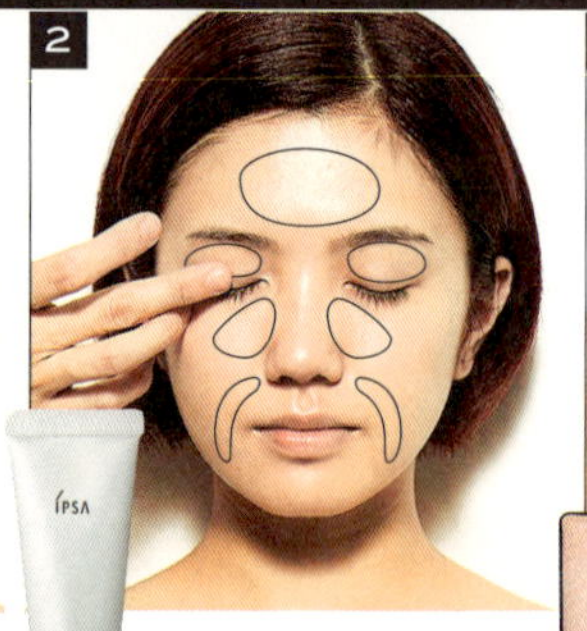

透明感のツヤが目立つ場所にだけのせます

水色のコントロールカラーを、額、目の上、目の下の目頭側、口の横にそっと重ねます。ここにブルーのツヤがあると、ぐっと透明感のある印象に!

3

ほんのりピンクのハイライトをのせます

黄み肌さんの場合、ファンデの下にハイライトを敷いておくと可愛くて色っぽい雰囲気が出ます。上まぶた全体と目の下にのせて、ピンクのツヤをプラスして。

4

ファンデーションは頬を中心に塗ります

頬の上にちょっと多めにのせて、そこからファンデーションブラシで丁寧に広げます。額はほとんど塗らなくていいくらい。最後にスポンジでたたきこんで完成。

ホワイトベース

1

みずみずしさ&さらに黄みを抑えて明るく!

ラベンダーの下地は指で顔全体に薄~く広げて、さらにトーンアップ。手のひらで密着させたら、シルバー系の下地を目のまわりにちょっとだけ重ねておきます。

2

日焼け止めを薄く重ねて密着させます

日に焼けるとせっかくの白肌がくすんでしまうので、ここで日焼け止めを投入。厚みが出ないように気をつけて、顔全体にまんべんなく塗っておきましょう!

3

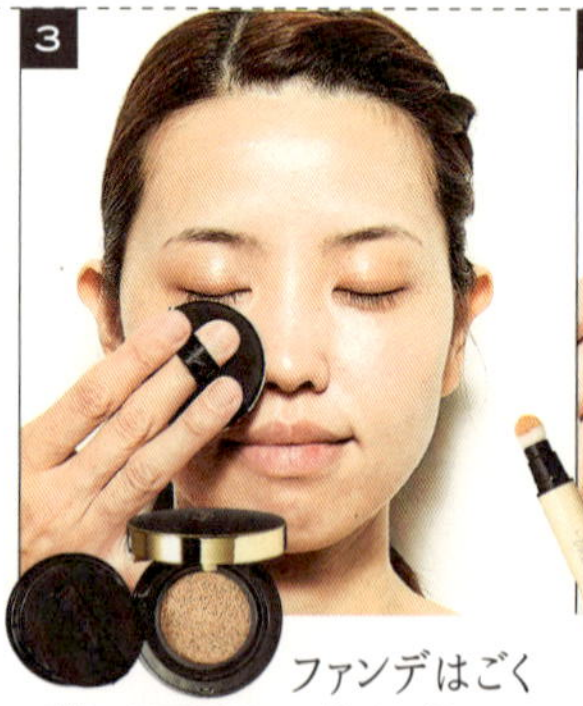

ファンデはごく薄の2回重ねで仕上げます

クッションファンデを少しだけ取って、まず一度顔全体に薄~くのせます。それが肌にフィットしたら、もう一度、全体に薄~く重ねて。色ムラもこれでカバー。

4

コンシーラーで目の下のトーンを落とす!

後からハイライトやアイシャドウをのせることを計算した隠しワザ。ここで目の下だけ肌のトーンを落として、雰囲気を落ち着かせておくさじ加減が大人です!

ブラウンベース

1

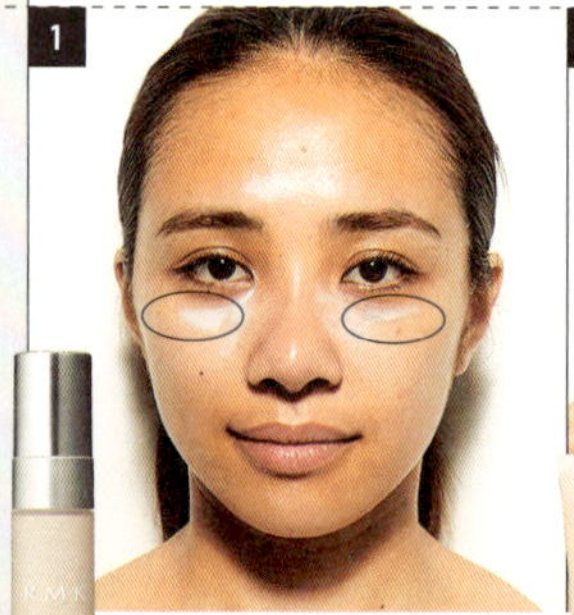

まずは目の下だけトーンアップさせて

くすみっぽさが目立ちやすい目の下に限定して、肌色より明るいコントロールカラーをオン。目の下を明るくしておくことで、顔全体も明るく見えてきます。

2

顔全体にちょいマットになる下地を広げます

ファンデーションブラシを使って、まんべんなく薄く、マット系の下地を広げておきます。この段階でちょいマットにしておけば、あとでツヤを足してもOK。

3

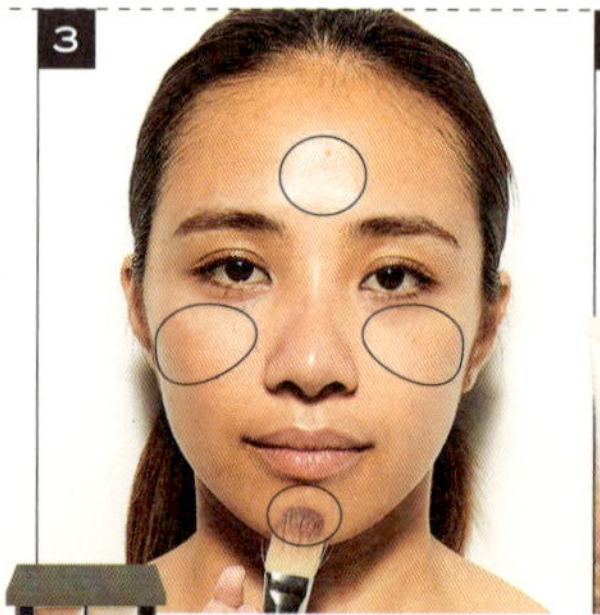

部分的に賢くトーンダウン

チークエリアと、額の中央、あご先を肌色より暗めにシェーディング。色は暗くなってもツヤは残るのがポイント。外国人風の立体感も引き出すことができます。

4

丁寧にBBクリームをなじませて完成です!

BBクリームはスポンジに少しずつ取って、ポンポンと押さえるようにして丁寧になじませて。顔全体に塗り終わったら、手のひらでまんべんなく包んで。

イガリ的塗り比べ ▸02

顔型×色別・似合わせチークの入れ方

表

「大人のチークは、ラメが入っていないほうがコンサバっぽい。1色で仕上げるよりも、2色、3色と重ねて使うことでなりたいイメージに近づけるはず！　同じ色でも、顔型によって使い方は変わるんです」

	チークなし	ピンクチーク	あずき色チーク	コントゥアーチーク
アイテム		パール入りでツヤッと見える！  B ＋ 明るめのピンクはふわっと使う！  A	深みのあるレッドが大人可愛い！  B ＋ あずき色チークは大人におすすめ  A	今いちばん気になるコントゥアー系 
丸顔	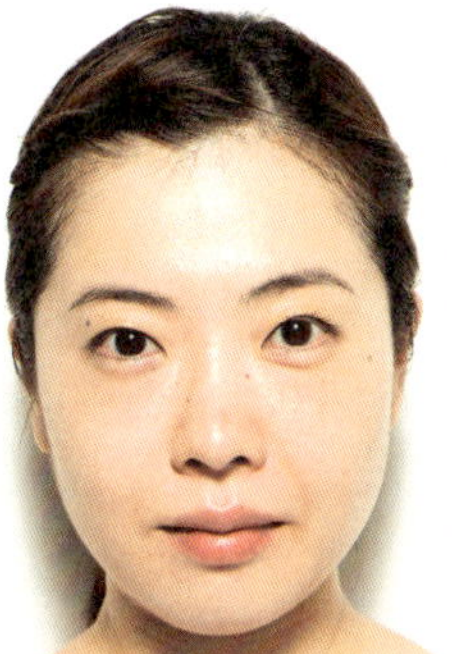 丸く入れないのが最大のポイント！	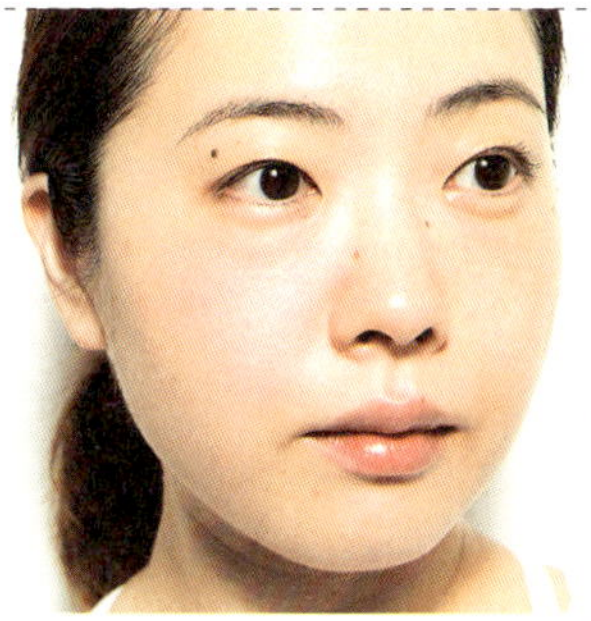 丸顔 × ピンクチーク	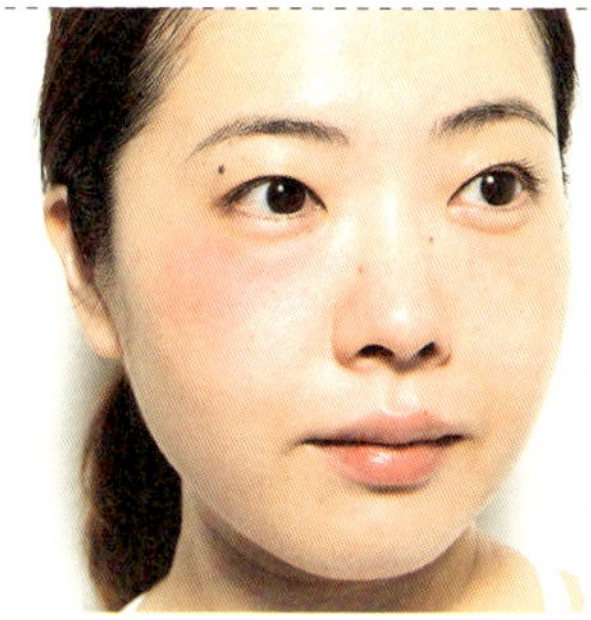 丸顔 × あずき色チーク	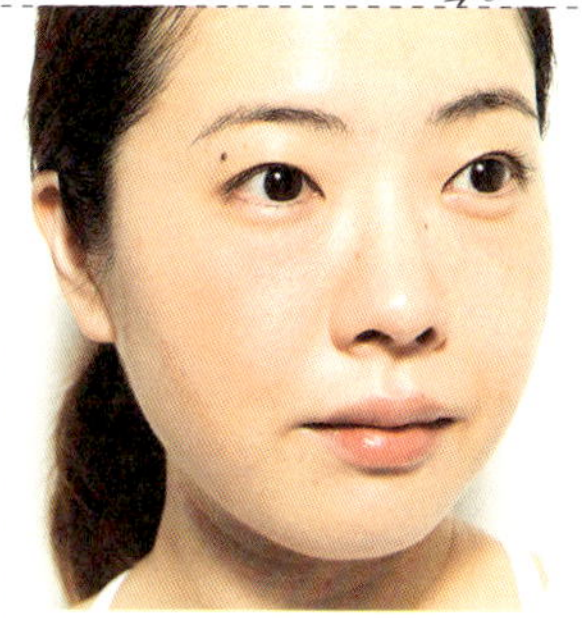 丸顔 × コントゥアーチーク
面長	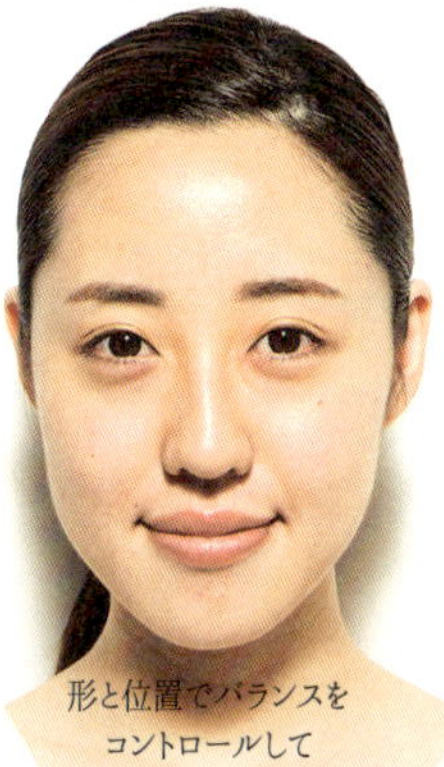 形と位置でバランスをコントロールして	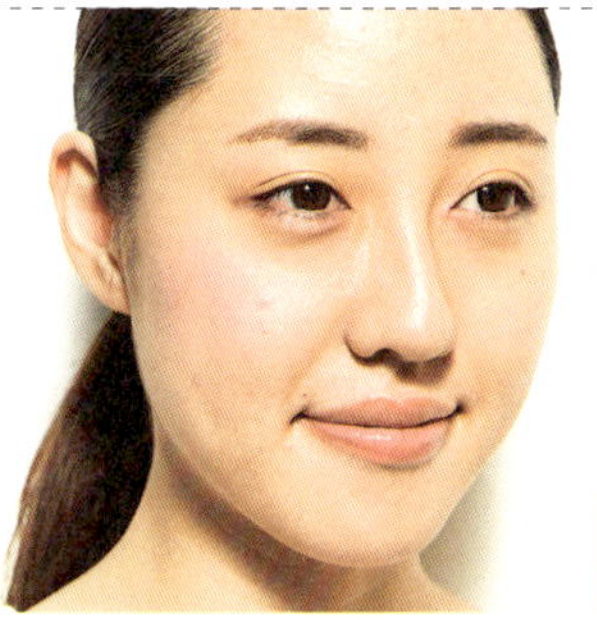 面長 × ピンクチーク	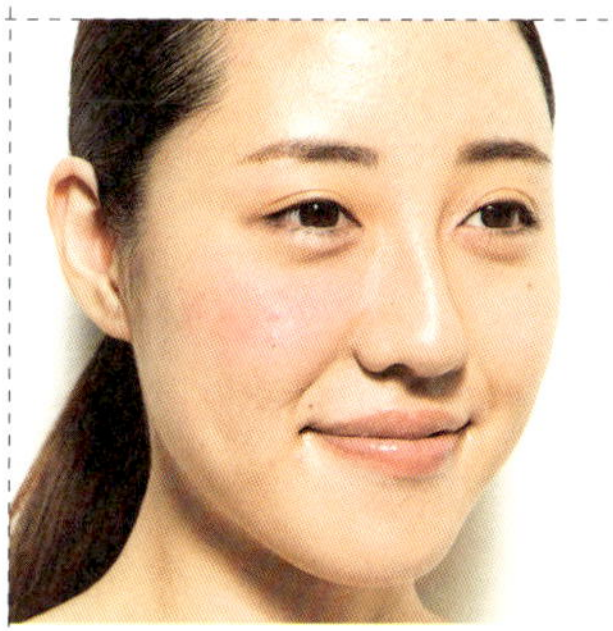 面長 × あずき色チーク	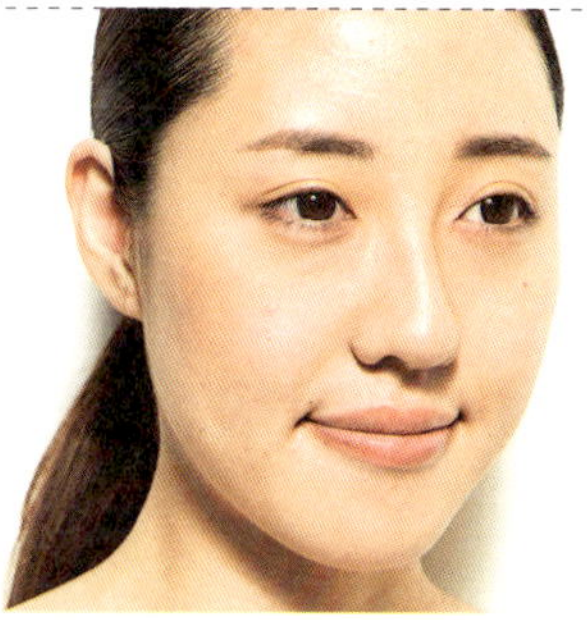 面長 × コントゥアーチーク
ベース型	 チークは薄め、広めにのせると可愛い♪	 ベース型 × ピンクチーク	 ベース型 × あずき色チーク	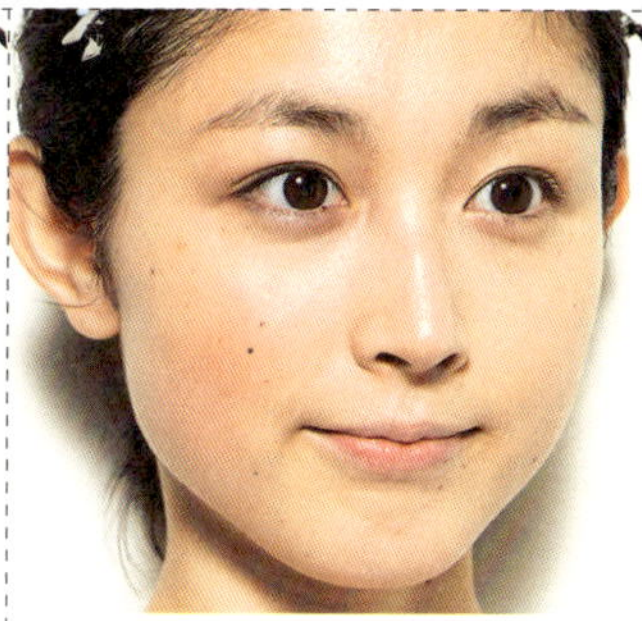 ベース型 × コントゥアーチーク

裏

切り取って使える

丁寧な顔型×色別・似合わせチークの解説

「丸顔の人は丸みチークを入れないこと。面長の人は顔とのバランスを考えること。ベース型の人は入れる範囲を広めにすること。それが顔型別のチークのポイント！　同じ色でも顔型×使い方でイメージが変わること、覚えておいて」

コントゥアーチーク	あずき色チーク	ピンクチーク	チークなし	
 ハイライトになる明るめ色と、肌色よりもぐっと暗めの影色。2色でメリハリ顔に。クチュールコントゥーリング 1 ￥7000／イヴ・サンローラン・ボーテ	 Aさらさら。チーキーシークブラッシュ 05 ￥3000／THREE　Bふんわり。ヴィセ リシェ フォギーオン チークス RD 400 ￥1500（編集部調べ）／コーセー	 Aルナソル カラーリングシアーチークス 02 ￥5000（セット価格）／カネボウ化粧品　Bパウダー ブラッシュ 05 ￥3000（セット価格）／ポール & ジョー ボーテ		アイテム
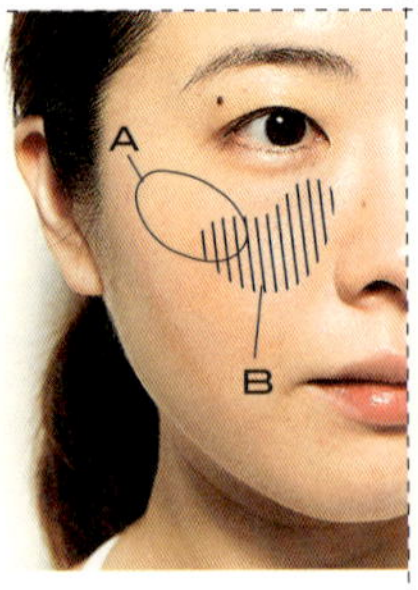 ブラシにBのシェードカラーを取って、目頭の下から斜め下に向けてさっとのせておきます。次にAのハイライトカラーを頬骨の上にのせるようにオン。AとBはちょっと重ねます。	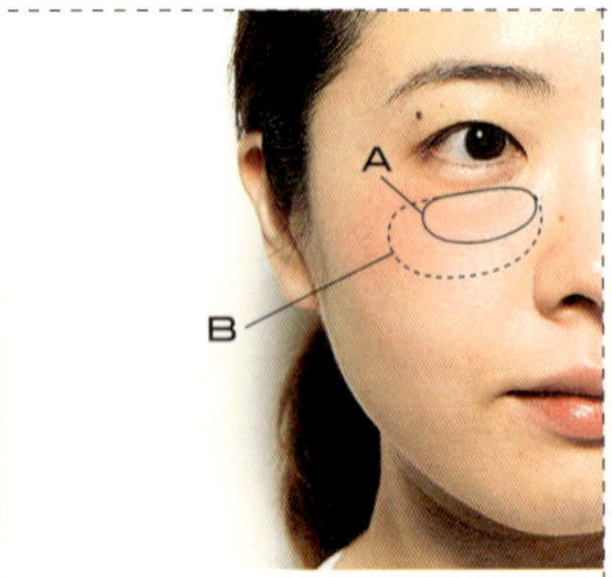 Aのあずき色を涙袋のちょい下から、目尻にかけて横長に薄～くのせます。これは指でのせて。Bをブラシに取って上からふわっとかぶせて。気持ち顔の外側まで広げるとバランスよし。	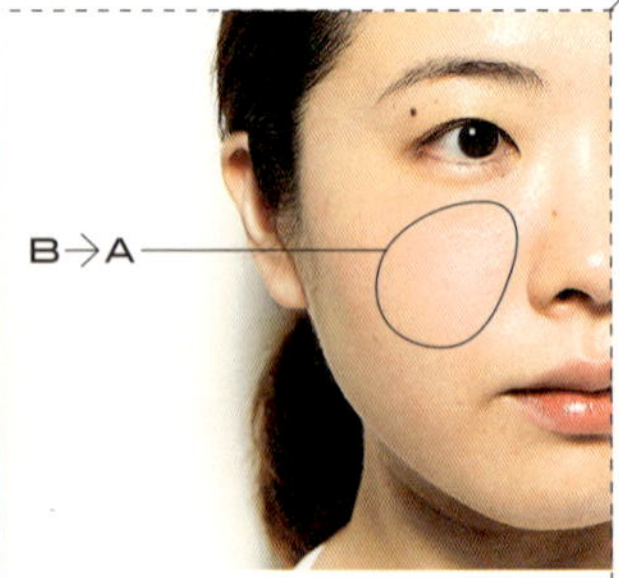 Bの2色を指で混ぜたら卵形にのせます。左の明るい色を多めにして内側から光を飛ばすイメージ。同じ範囲にAを指で取ってほんのりと重ねて。ピンクみがうっすら分かるくらいに。	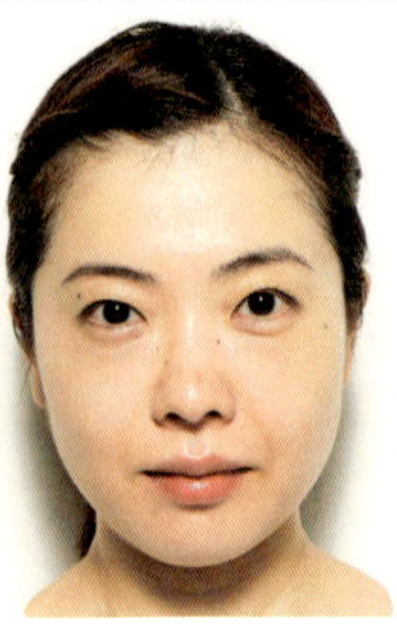 丸顔の人は卵みたいな楕円形を意識してチークをオン。丸だと顔の丸さが目立っちゃいます。	丸顔
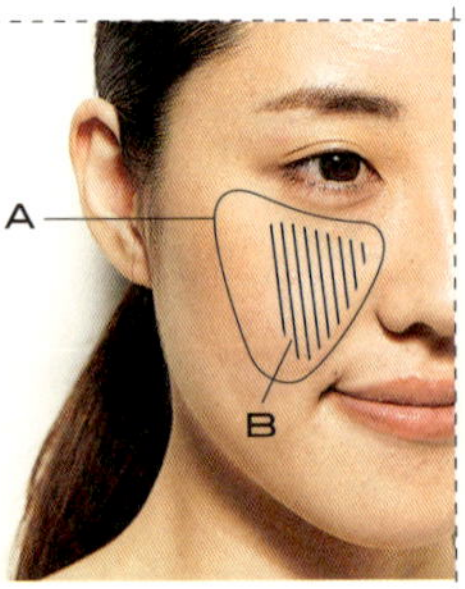 はじめにハイライト色のAを幅広めに、目の下から目尻の外側ぐらいまで。次にシェードカラーBを逆三角形に重ねます。トーンアップさせてからなじませる、という立体感増しの2段階。	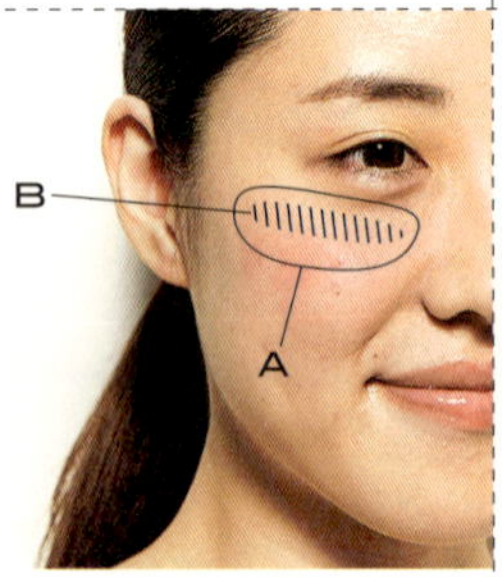 Aを指で目の下全体に横長に入れておきます。その上から細めにシュッとBを重ねて。幅は指先の幅ぐらいの"みみずチーク"。2色を重ねて、頬の立体感を出すと大人可愛い雰囲気が出ます！	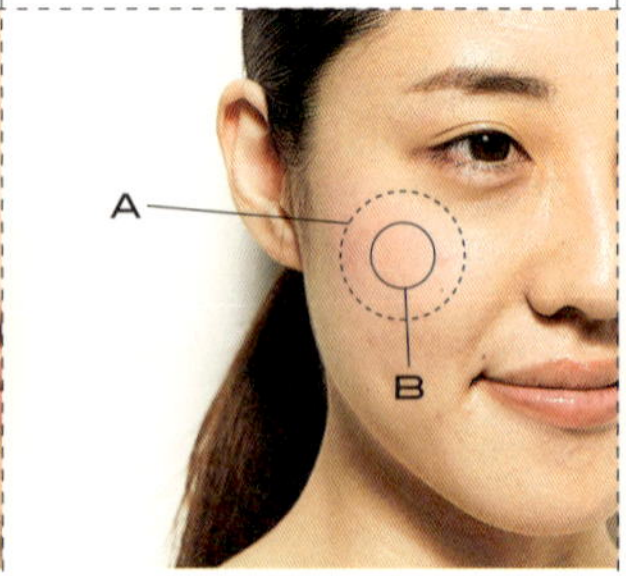 外側に存在感を持たせます。Bのピンクを小さい丸形にのせます。位置は黒目よりも外側に！その上からAを。範囲は、指で頬骨をつかんで"たこやき" になっている場所が目安！	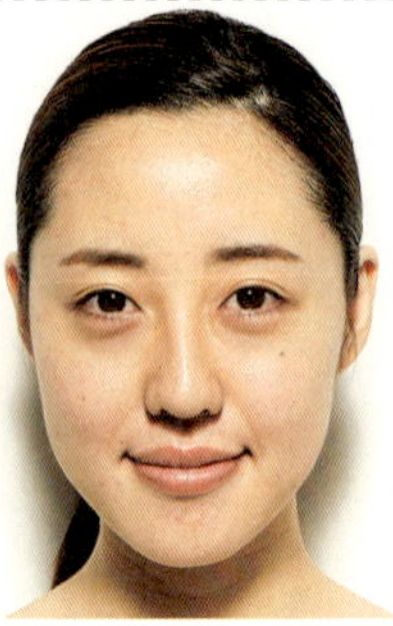 面長の人は単色使いはナシ！色を重ねることで頬の立体感をコントロールするのが正解。	面長
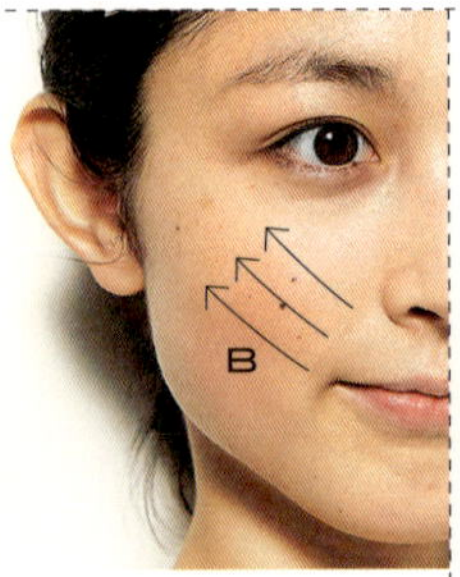 Bだけを使用！　ブラシにBを取ったらほうれい線の少し上ぐらいから、こめかみ方向に向かって斜め上にサッ、サッと広げます。これももちろん薄く。これで顔全体が締まった印象に。	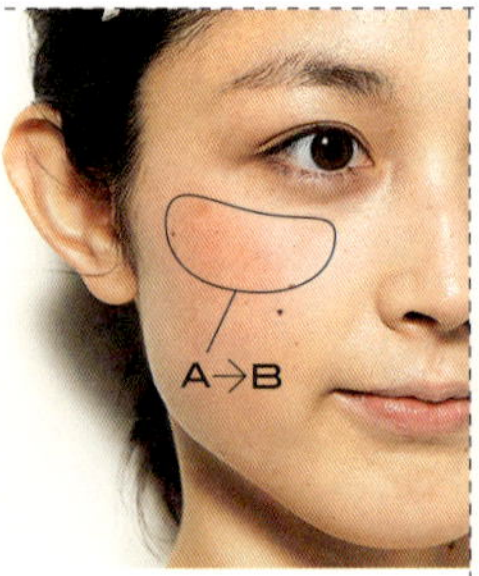 ベースにするのはAのあずき色。チークゾーンにちょいグミ形になるように薄くのせます。同じ範囲にBを重ねます。AとBを同じ範囲に重ねることで、ちょっと目を引く発色に♪	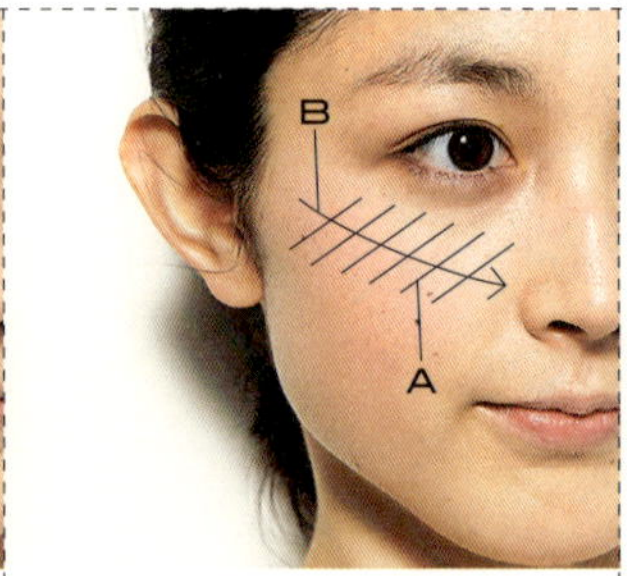 Aを大きめのブラシにとって、頬全体に薄くのせておきます。次に同じブラシでBの2色を混ぜたら、頬骨にそって斜め一直線にさっと重ねます。顔の外側→内側に向けてのせるのがポイント！	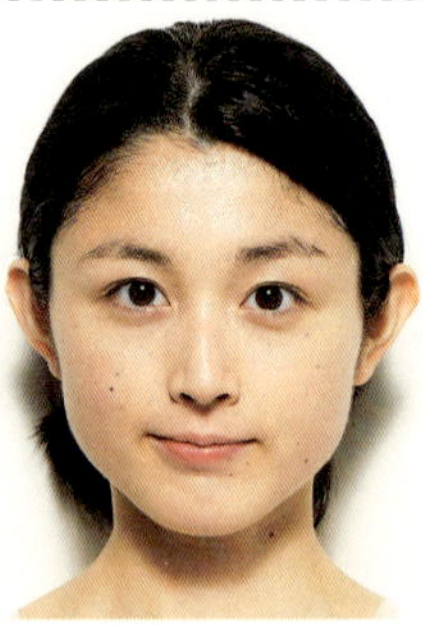 ベース型の人には幅広めにチークを入れることが多いです。発色はごくごく薄くとどめます。	ベース型

イガリ的塗り比べ 03

眉型×なりたいイメージ別アイブロウの入れ方

表

「眉に限って、なりたいイメージになかなか近づけないという人もいると思います。でも、そういう人こそコスメの特長を理解して、コスメの力を利用して、なりたい眉を作って！　ここ、大事なポイントです」

	アイブロウなし	キリリクール	モードオシャレ	ふんわりモテ
細眉	太さを足さなくても イメージは変わる！ 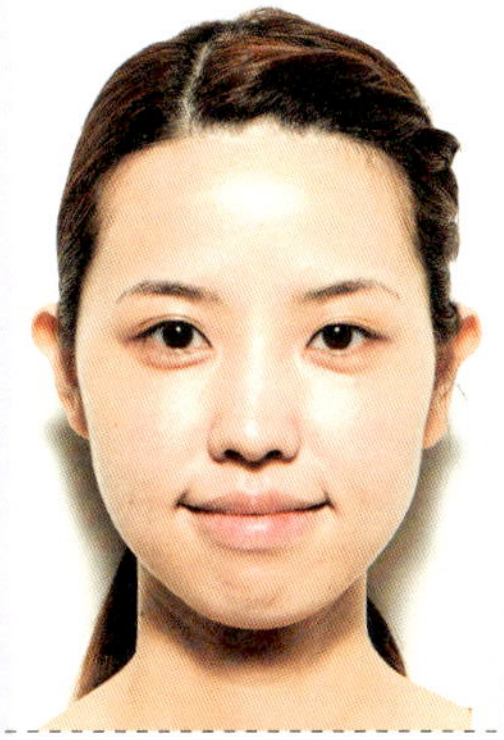	 ペンシルを使うと きりっとした眉に 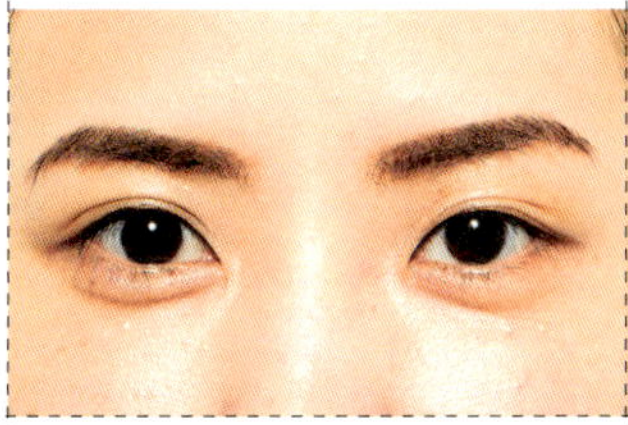	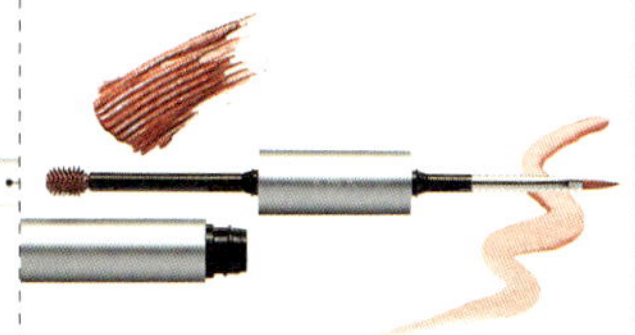 太さは変えずに色だけ 変えるとオシャレ！ 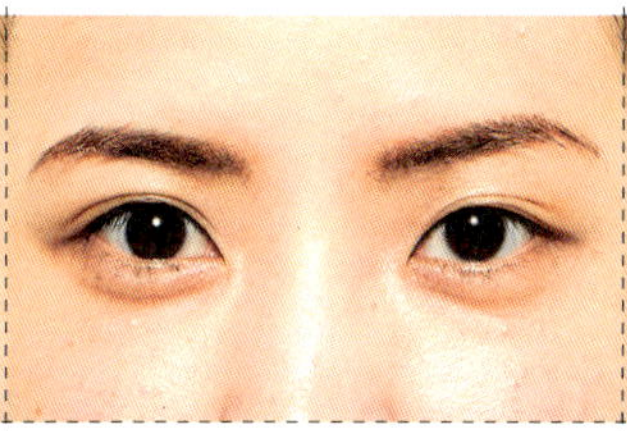	 太さを出しながら ぼしゃっと眉に！ 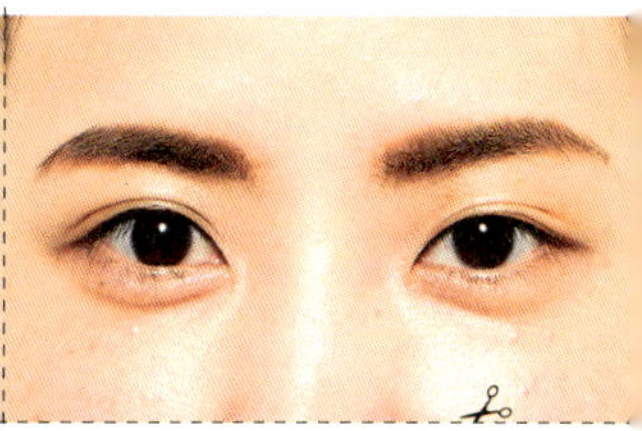
太眉	眉の重心をどこに 持ってくるかで決まる 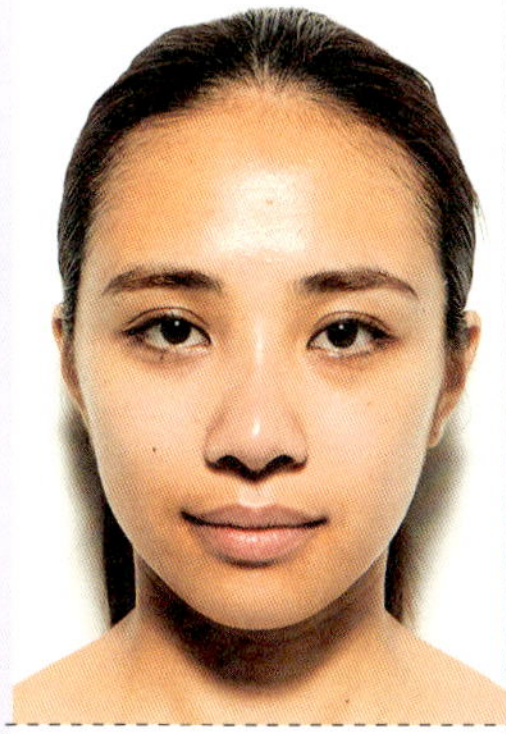	 ふわっとパウダーを のせてコンサバ眉 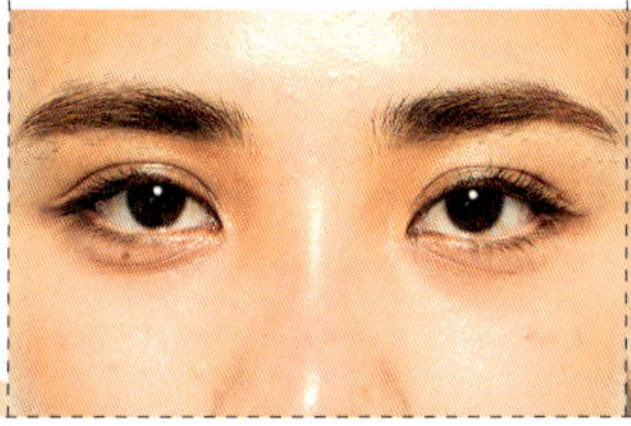	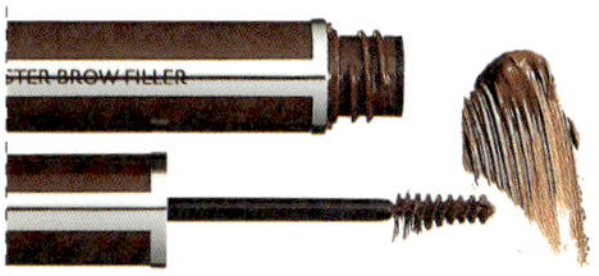 オシャレ顔はマスカラ で眉頭を立てるだけ 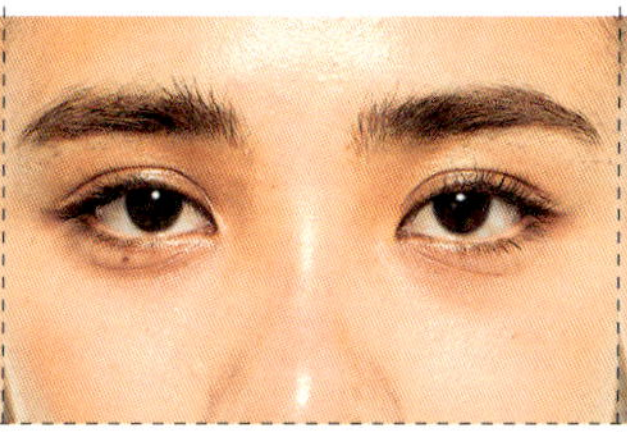	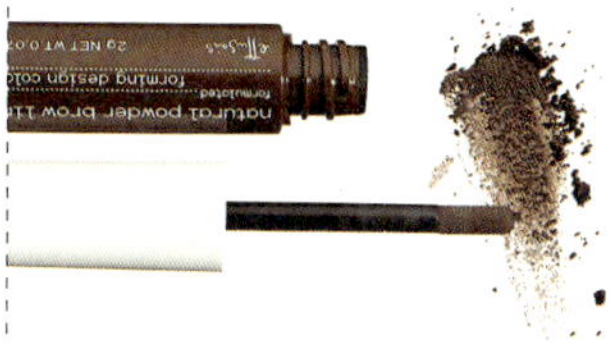 眉間寄せてく系で 外国の女優風に！ 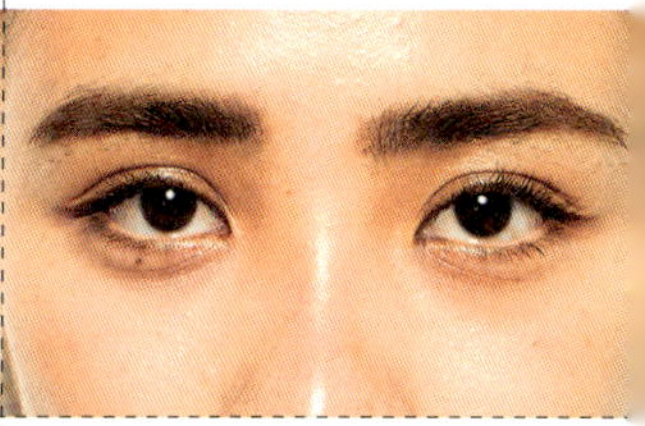
直線眉	色の濃淡を意識して イメージを変えよう 	眉の上下を カーキで囲めば キリッと顔  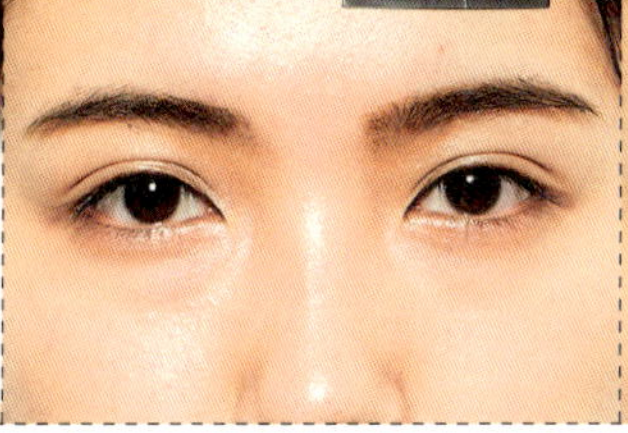	 赤みブラウンを多めに すれば即、オシャレ！ 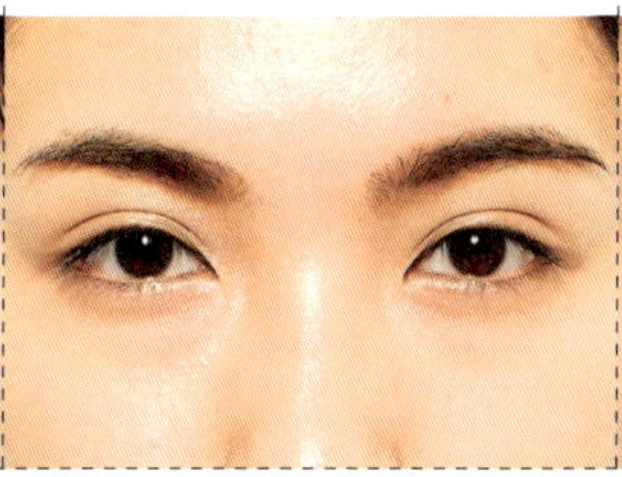	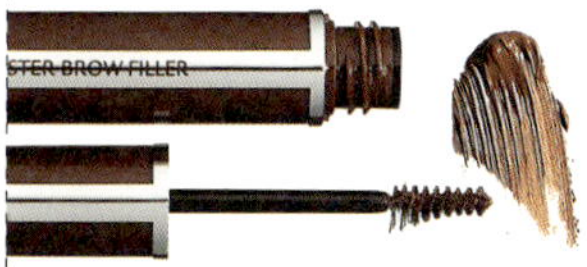 ボサ眉作りは薄め色の 眉マスカラをたっぷり 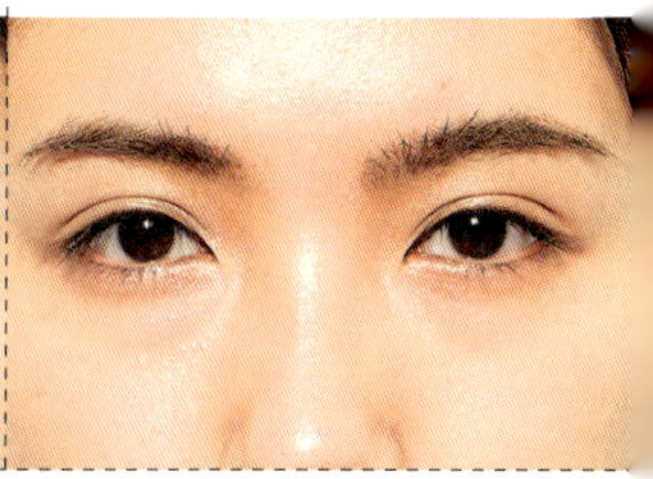

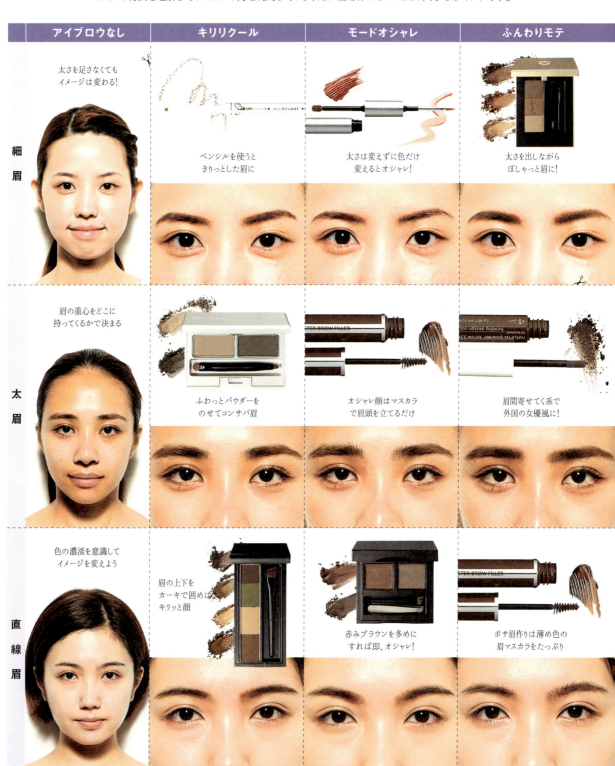

切り取って使える

丁寧な眉型×なりたいイメージ別アイブロウの解説

「最近の眉コスメは、本当に豊富で優秀！　イメージを変えるなら、眉コスメを変えるのが手っ取り早いかも？

リップに合わせて眉を濃くしたり、質感を変えて外国人風にしてみたり。顔のバランスを眉で整えるのもおすすめ」

ふんわりモテ	モードオシャレ	キリリクール	アイブロウなし	
 濃すぎないブラウンなら太さを出してもゲジゲジにはなりません。軽い発色もいい。ブロウクチュール パレット 1 ¥6900／イヴ・サンローラン・ボーテ	薄い発色のレッドブラウン。太さはいらないけど色だけ変えたいとき、こんな眉マスカラを使ってみて！　W アイブロウカラーズ 04 ¥3800／RMK Division 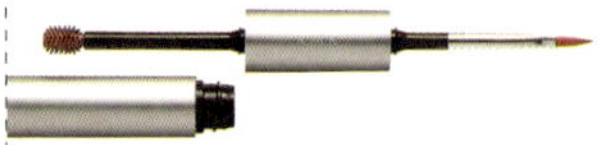	芯が細めだから、シャープなラインが描けます。色はピンクブラウンで女っぽく。エアリーステイ ブロウライナー 02 ¥2200／ジルスチュアート　ビューティ 	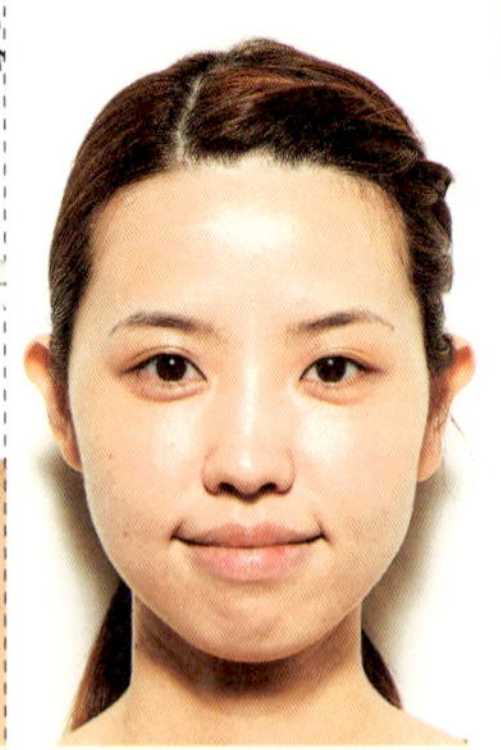	細眉
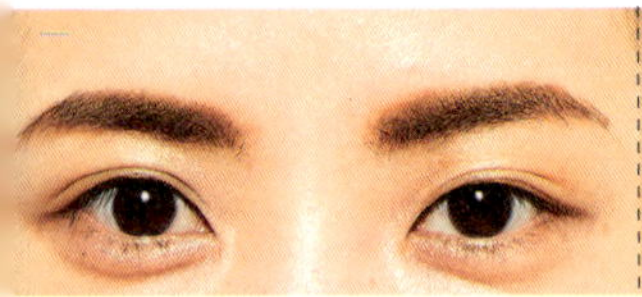 全体にもとの眉よりオーバー気味にパウダーをのせてちょっとだけ太く。パウダーはブラシを使って、ぽんぽんのせていくのがポイント！	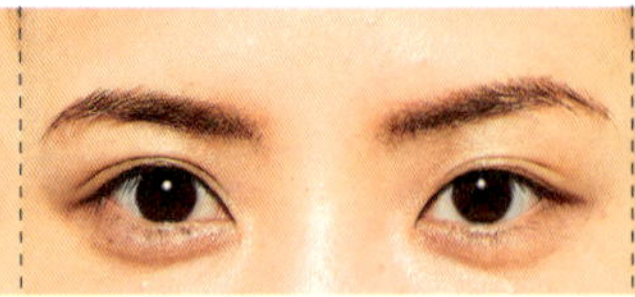 色だけ変えてもイメージはがらっと変わるのが面白い！　眉マスカラを全体に塗ったあと、毛が抜けて見えるところをリキッドで描き足し。	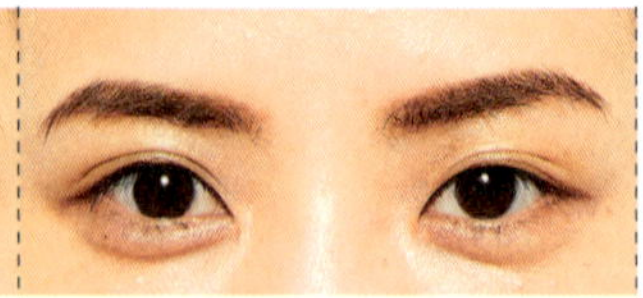 キリッとした印象にしたいときは、芯が細めのペンシルを使って、シャープな線を意識しながら描きます。もとの形をなぞっていく感じです。	細眉だからといって太さを出す必要はないの。自眉の細さに逆らわず、選ぶコスメが成功のカギ。	
 パウダーをチップでのせるから、ぼしゃぼしゃっとしたふんわり眉が簡単に！　オシャレ顔にもなれる。チップオン アイブロー ナチュラルブラウン ¥1200／エテュセ	 毛流れを整えるだけでも印象が変わるから、もとの眉の色よりちょっと明るいくらいの眉マスカラが便利。ミスター・ブロウ・マスカラ 01 ¥3500／パルファム ジバンシイ	 アッシュ系の色がいい感じ。2色を混ぜて使うと、またイメージが変わってきて面白いかも。キッカ エンスローリング アイブロウケーキ 03 ¥6000／カネボウ化粧品	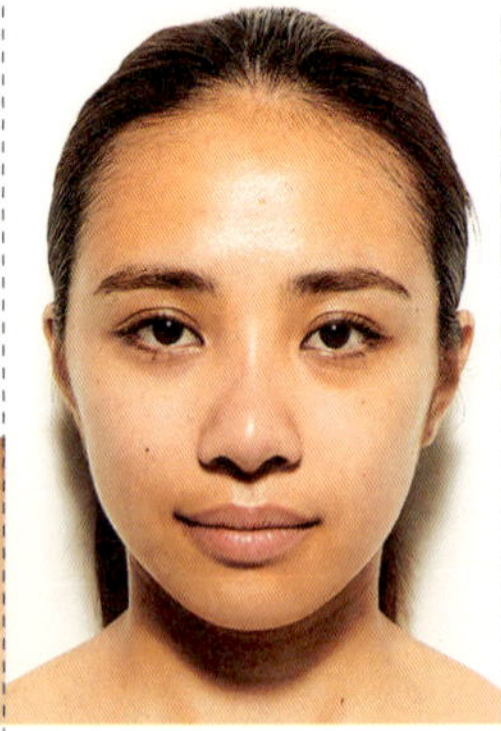	太眉
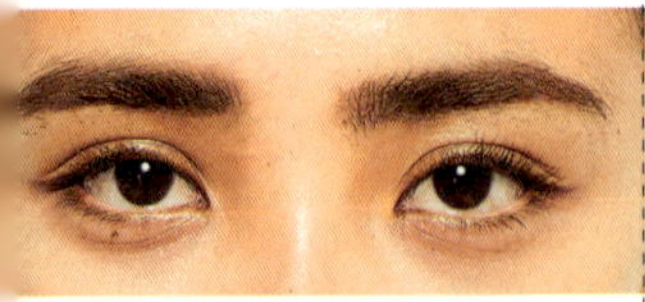 ぼしゃっとした眉は外国人みたいな雰囲気を楽しめます。ポイントは、ちょっとだけ眉頭を寄せること。セレブ女優みたいな華やかさが！	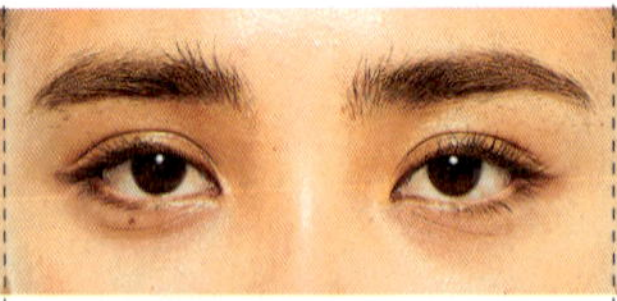 眉マスカラで全体の毛流れを整えたら、本番は眉頭。眉頭の毛を真上方向に整えることで、眉全体の存在感が増す。この重さがまたオシャレ！	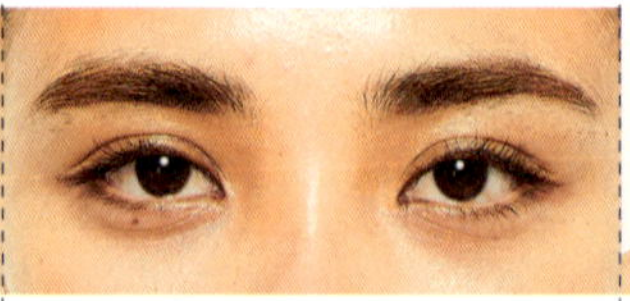 パレット右側の濃いめ色だけで作る、意志のあるキリッと眉。もとの太さを生かしながら、ブラシでふわっと全体にのせていくだけでできます。	太眉の人はイメージをコントロールしやすいかも。外国人風の眉を楽しめるのも特権です！	
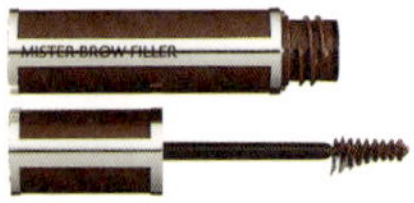 太眉で使った眉マスカラと同じアイテム。自然に仕上がるブラウンは、日本人の肌でも浮かないのがいい。ミスター・ブロウ・マスカラ 01 ¥3500／パルファム ジバンシイ	 ツヤのあるブルネットで、外国人っぽい眉に近づけます。しっかり発色するのも◎。ブロー ナウ オール イン ワン ブロー キット 02 ¥4800／エスティ ローダー	 カーキがポイントのアイブロウパレット。色のニュアンスでオシャレに！　ヴィセ リシェ カラーリング アイブロウパウダー BR-3 ¥1200（編集部調べ）／コーセー		直線眉
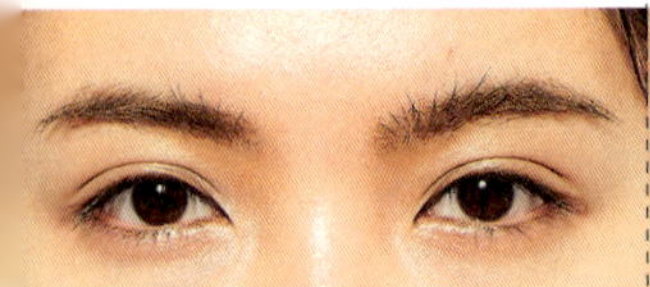 薄めのブラウンをたっぷりとのせて〝ぶさっ〟とした眉に整えます。上方向に毛流れを作るように塗って、ふさふさした感じを出して。	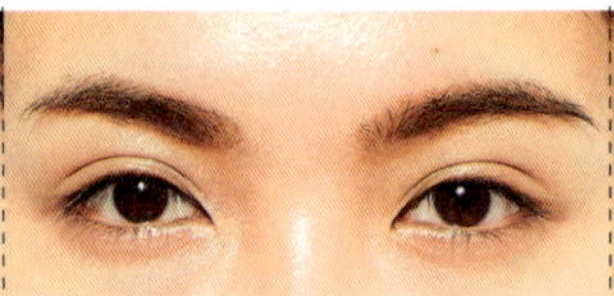 パレット左の色をメインに、右の色もちょっとだけ足していきます。色自体がオシャレっぽいので、ナチュラルに形を整えていけばOK。	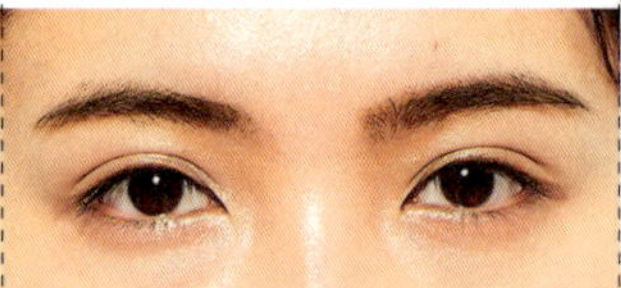 ポイントはカーキの使い方。カーキ単色か、カーキと濃いブラウンを混ぜて、上側のライン、下側のラインをくっきり描いてから全体に。	形そのものがキレイなストレートの眉。お利口な眉は、色のニュアンスで雰囲気を変えてみて。	

イガリ的塗り比べ ▶ 04

目の形×目元アイテム別アイメイクの入れ方

表

「アイシャドウは、色と色の組み合わせを変えると、なりたいイメージに近づけるし今っぽくてオシャレにもなれます。私のセレクトした色だって絶対的な正解でなくて、コーディネートの一例だと思って参考にしてください!」

	シャドウなし	2色シャドウ	3色シャドウ	2色シャドウ×アイライナー
アイテム		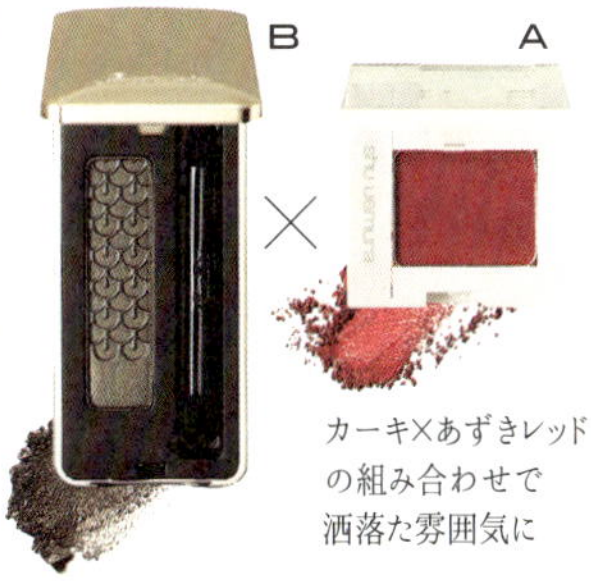 カーキ×あずきレッドの組み合わせで洒落た雰囲気に	 3色の組み合わせでぐっと深みのある目に	 同系色シャドウ×反対色ライナーの組み合わせ
二重	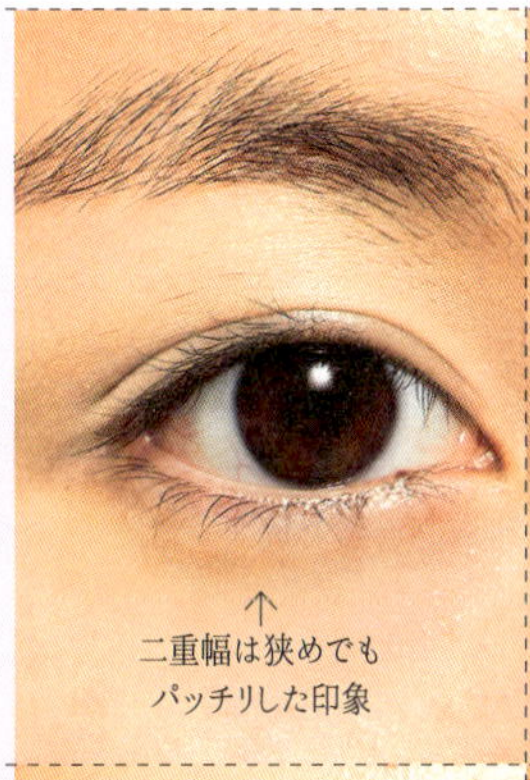 ↑ 二重幅は狭めでもパッチリした印象	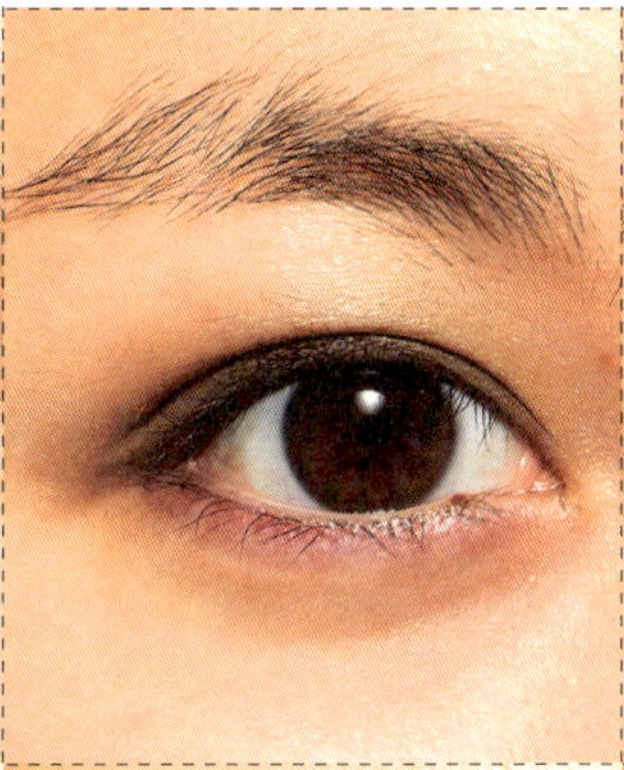	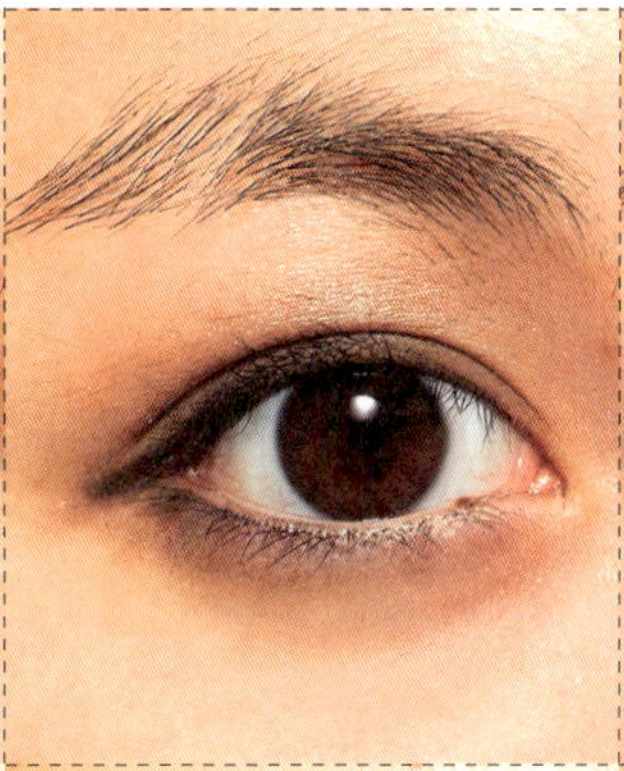	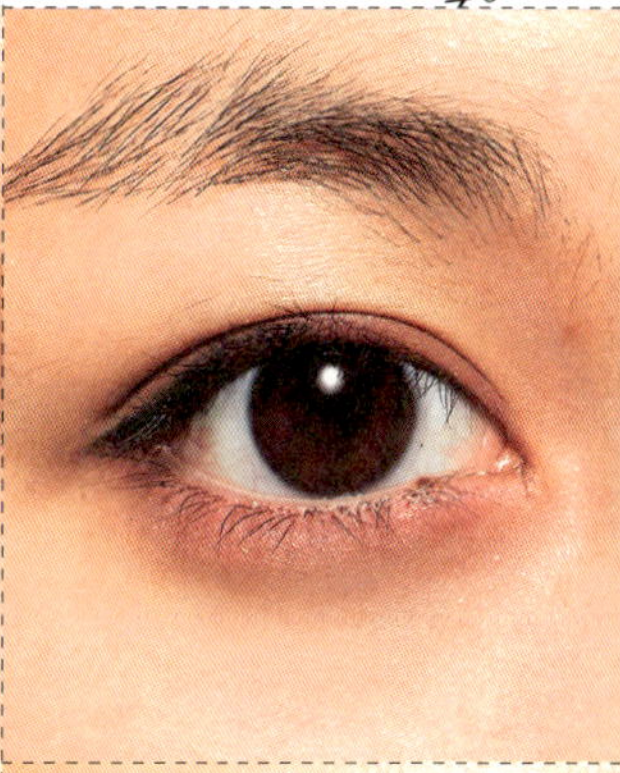
奥二重	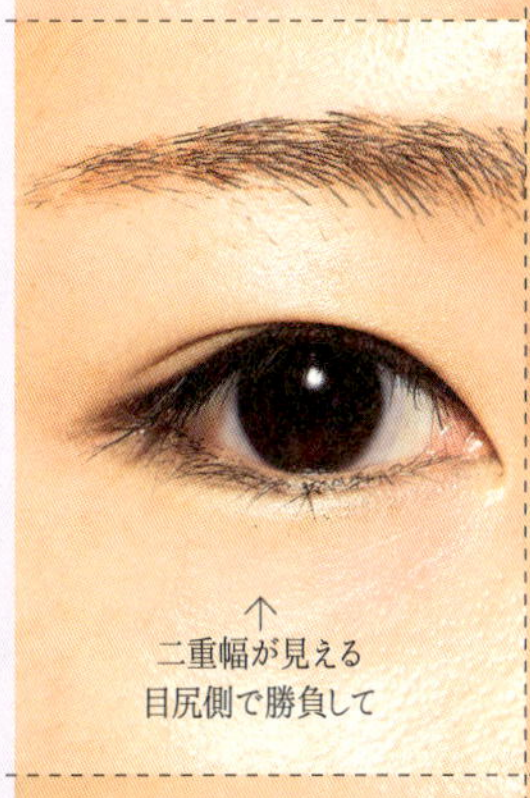 ↑ 二重幅が見える目尻側で勝負して	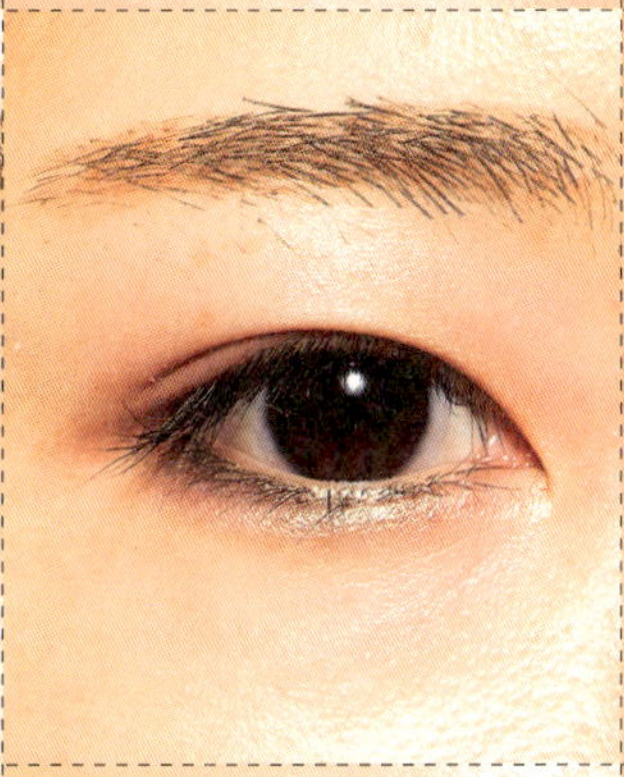	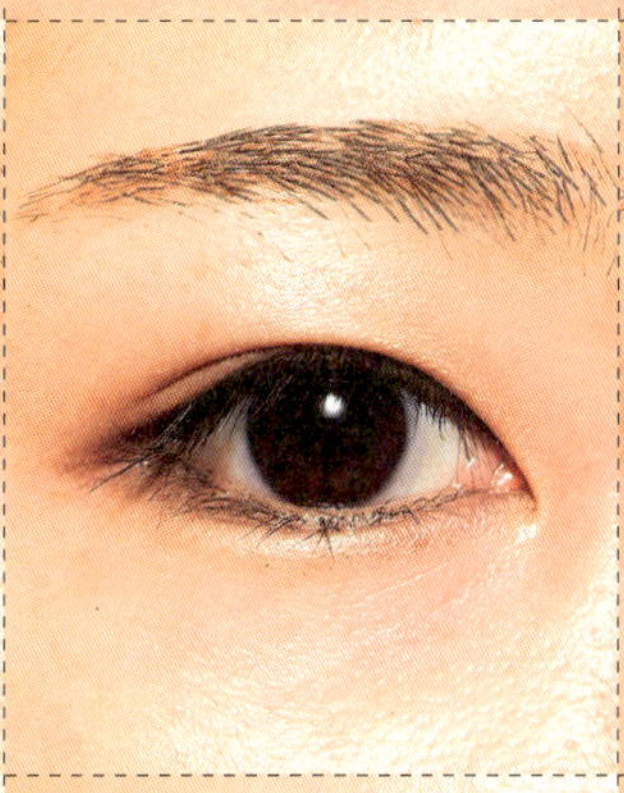	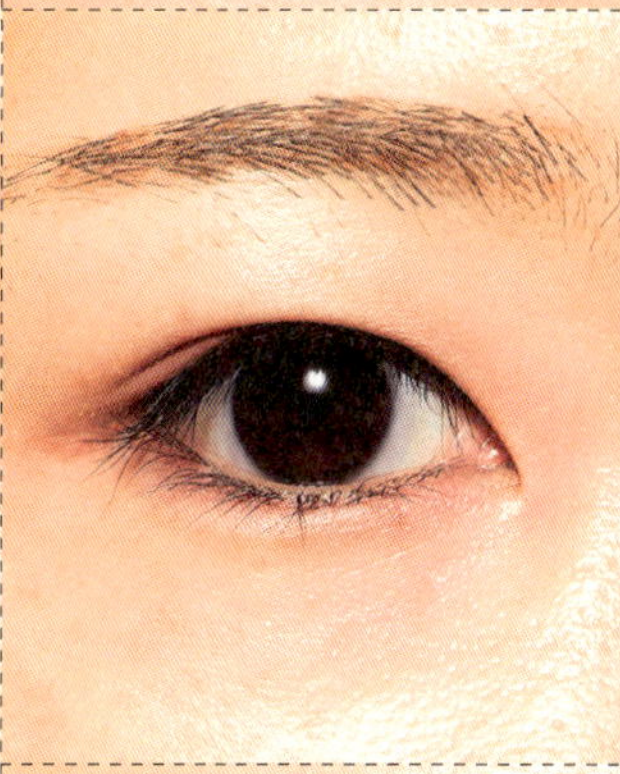
一重	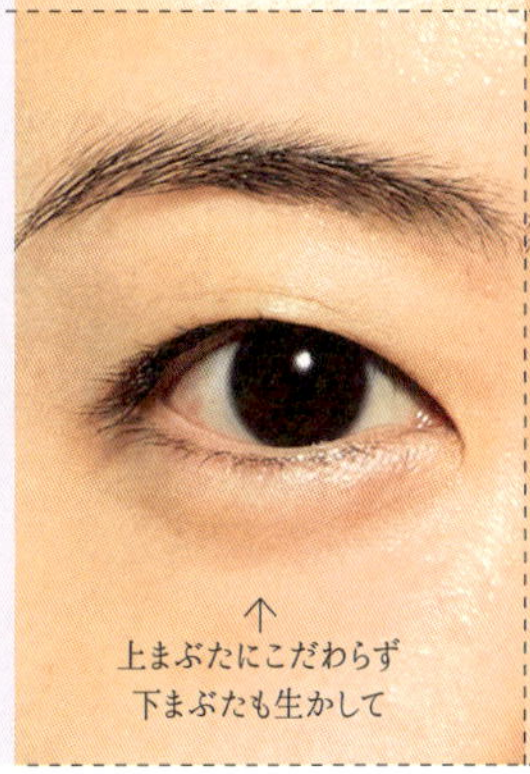 ↑ 上まぶたにこだわらず下まぶたも生かして	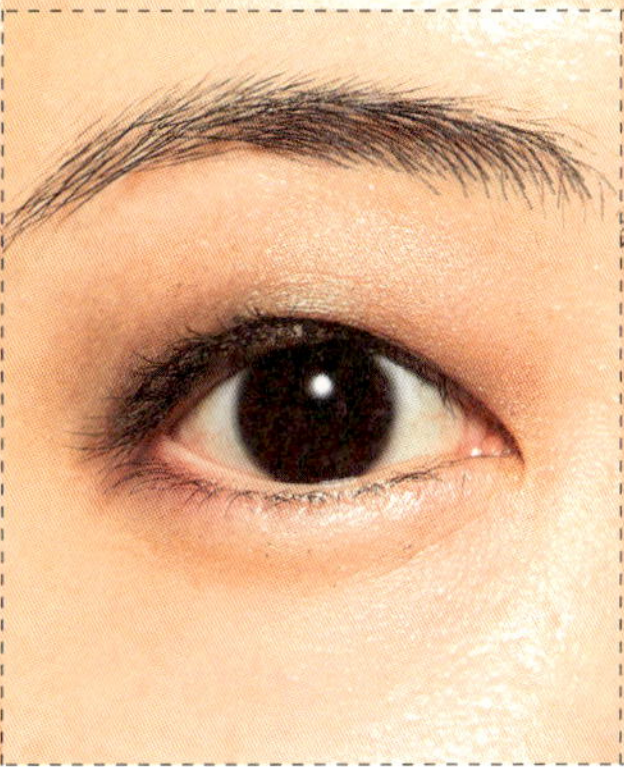	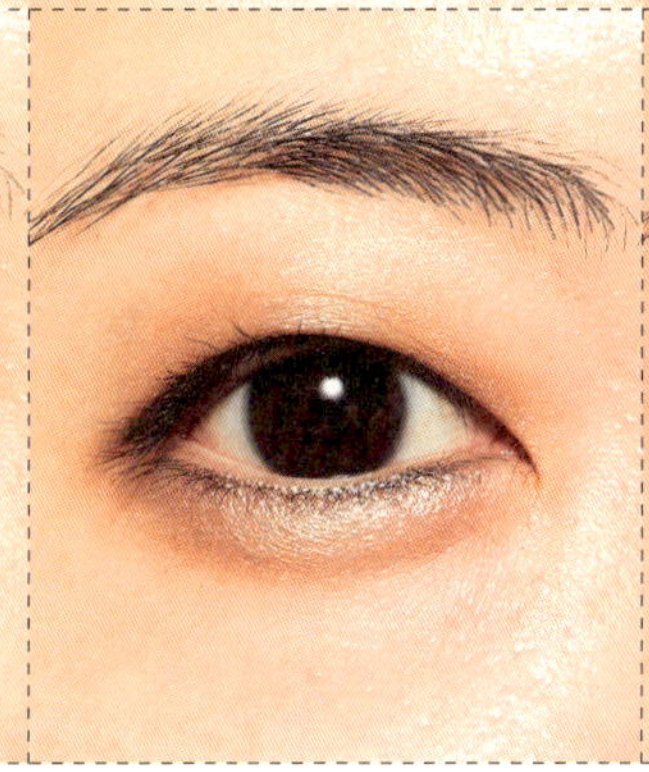	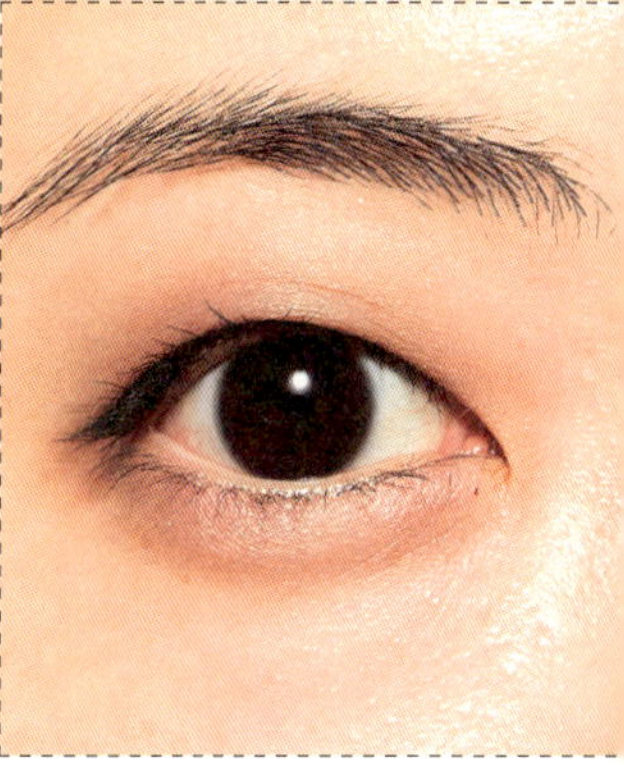

切り取って使える

丁寧な目の形×目元アイテム別アイメイクの解説

「同じ色を使っていても、目の形が違うなら、その目の形に似合う使い方をすればいいだけ。美人になれるメイクの正解は、ひとつだけじゃないんです。どうすれば似合うメイクができるかのヒントにして！」

アイテム

2色シャドウ×アイライナー

カラーライナーと組み合わせて。薄く広げてアイシャドウベースにも。**A**デュアルインテンシティーアイシャドー 1941 ¥3000／NARS JAPAN　**B**アイ & フェイスカラー V 400 ¥2000(セット価格)／アナ スイ コスメティックス　**C**YSL アイライナー 5 ¥3300／イヴ・サンローラン・ボーテ

3色シャドウ

ピンク系の濃淡2色と、締め色的にネイビーを1色。アイメイク自体はコンサバでも、ちょっとハズしたいのでネイビーをプラスしてみました。**A**パール感がキレイなソフトピンク。コンサバ色！　ピュア カラー エンヴィ アイシャドウ 14、**B**深みのあるネイビー。同 04、**C**ちょっと深みのある濃いめピンクシャドウ。同 27 各¥3500／エスティ ローダー

2色シャドウ

パール入りの渋めカーキと、マットなあずき色の組み合わせ。どちらも落ち着きのある大人色です。パール感と赤みの効かせ方によって、与えるイメージが変わってくるんです。**A**茶のニュアンスもあり。プレスド アイシャドー M189 ¥2500（セット価格）／シュウ ウエムラ　**B**キラメキのある大人顔のカーキ。エクラン アン クルール 07 ¥4600／ゲラン

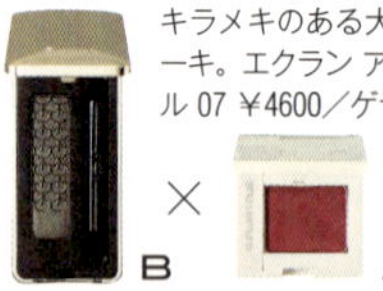

シャドウなし

二重

2色シャドウ×アイライナー

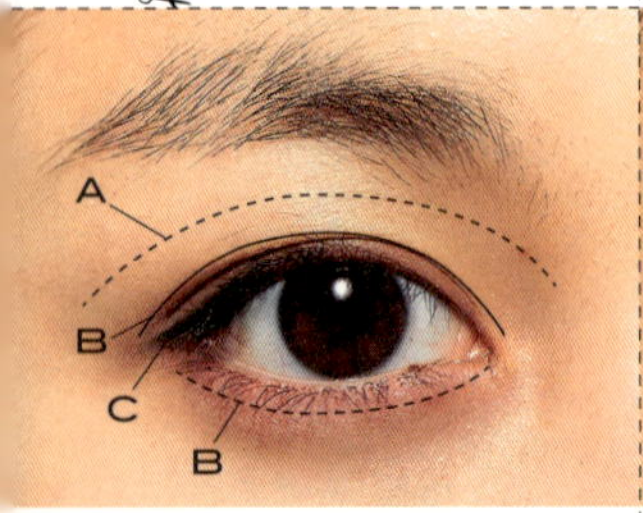

赤みを生かして色っぽく。**A**を上まぶた全体に広げて、二重幅くらいに**B**を薄く重ねます。目尻側だけ**C**でラインを。下まぶたはキワに**B**を細〜く全体に入れて色っぽさを狙います！

3色シャドウ

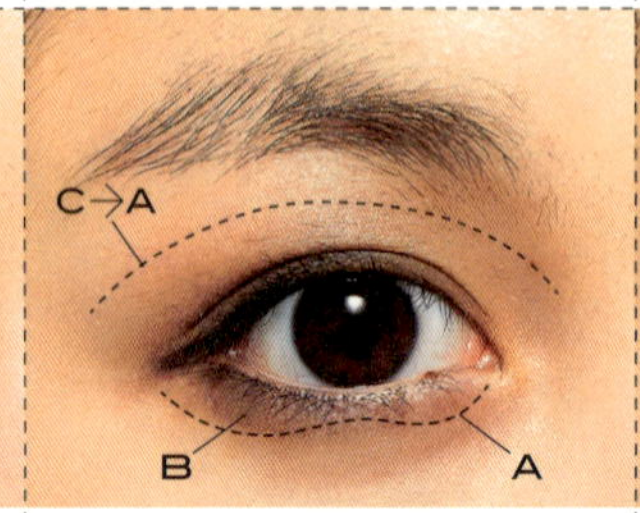

最初にあずき色の**C**を上まぶた全体に。同じ範囲で**A**のペールピンクを。同系色の重ね塗りで奥行きのある発色に。下まぶた目尻1／3程度に**B**、目頭1／3に**A**を入れてできあがり。

2色シャドウ

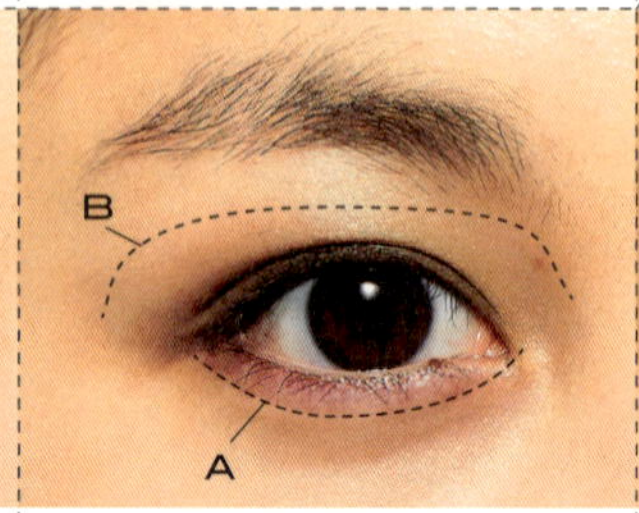

上まぶたは全体に指で**B**をまんべんなくのせます。二重幅よりもちょっと広めに、全体的には長方形ぽくなるように広げて。下まぶたは**A**。キワにそって全体的に細く。ここはブラシで。

シャドウなし

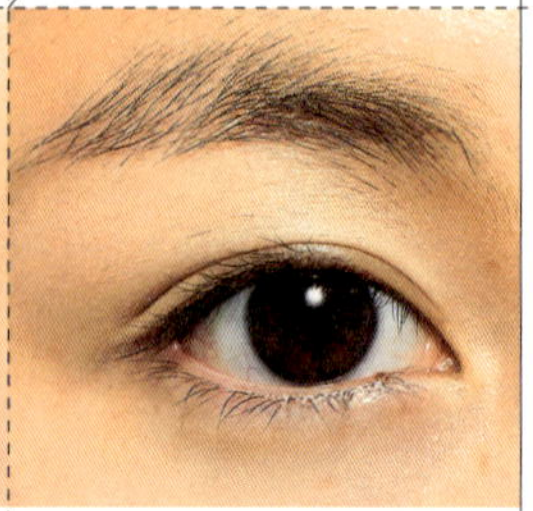

上まぶたと下まぶた、2つの攻めドコロがある二重。色を楽しむ！ ぐらいの気持ちでメイク。

奥二重

2色シャドウ×アイライナー

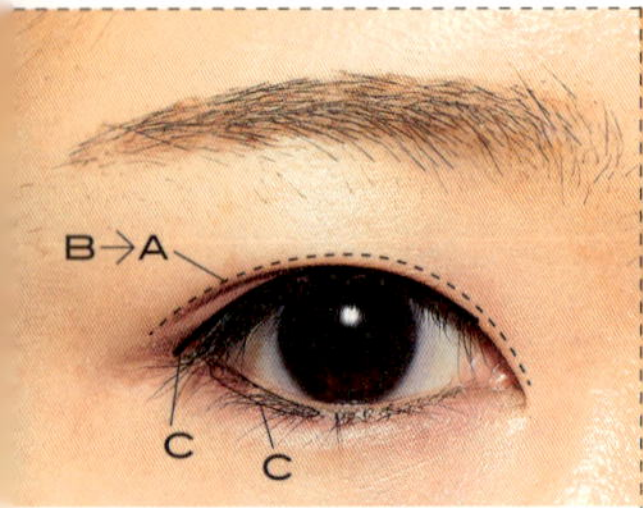

Bを上まぶたキワの目を開けたときに見えるぐらいまで、**A**をブラシで重ねます。**C**で目頭から半分までインサイド、目尻側半分は見えるようにラインを。下まぶたは黒目より外側に**C**。

3色シャドウ

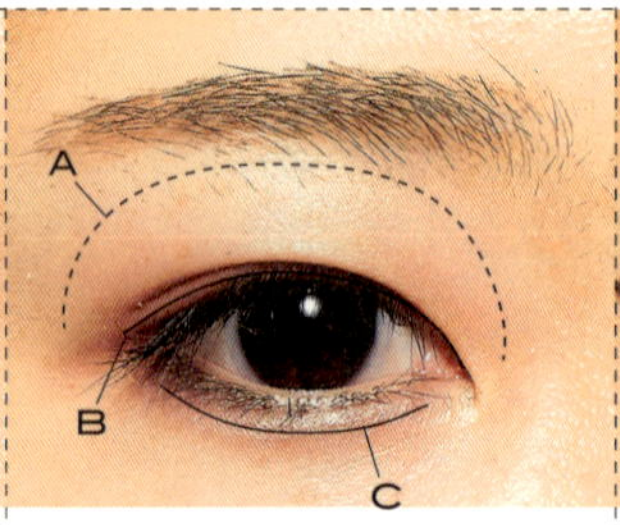

下まぶたキワに**C**をブラシで細くオン。上まぶた全体に**A**を指でのせて。キラキラ感をのせるくらい。**B**を細いブラシにとって上まぶたのまつ毛の下側からのせて、ラインっぽく入れます。

2色シャドウ

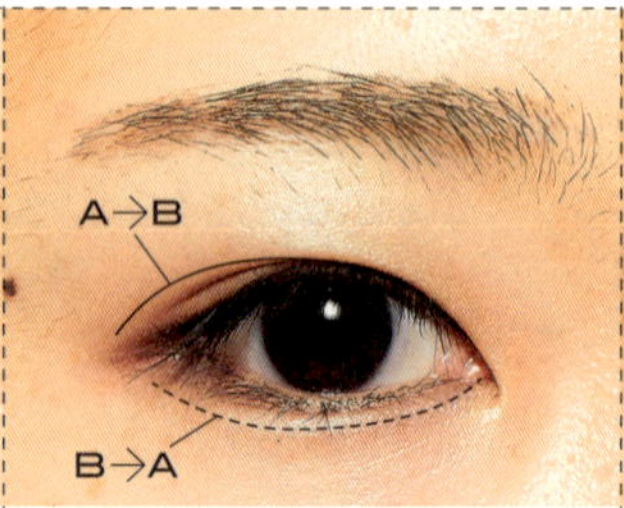

上まぶたは**A**の赤を指でポンポンとのせていきます。目安は二重が見えている幅。上から**B**をブラシで薄〜く重ねます。下まぶたは**B**をキワに沿って入れたら**A**を同じ範囲で重ねて。

シャドウなし

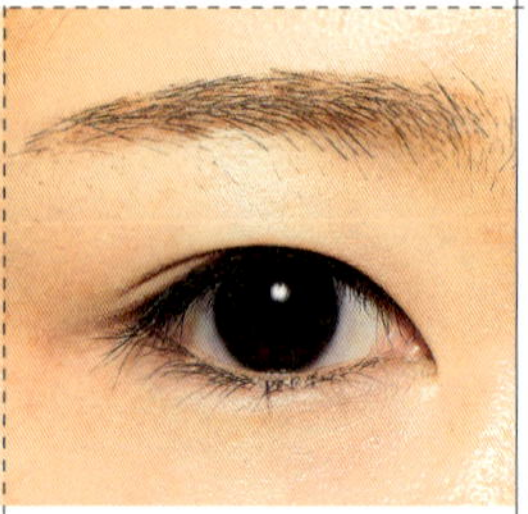

攻めドコロは目尻と下まぶた。上まぶたは1色をまんべんなく使うのがベーシックな考え方。

一重

2色シャドウ×アイライナー

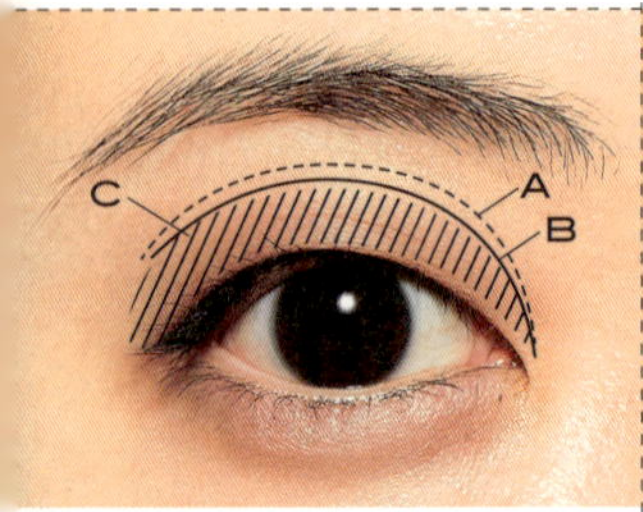

まずは**C**のライナーを指にとって上まぶたに薄〜く広げてベースに。**B**を指に取ってちょっとだけ広めになるように重ねて。最後に**A**を同じ範囲からさらにちょっと広くなるようにオン。

3色シャドウ

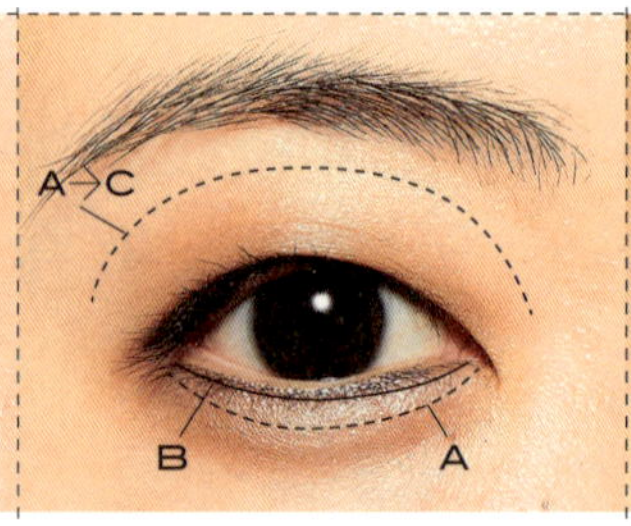

上まぶたのアイホールと下まぶたのキワに**A**をまず広げます。キラキラを閉じ込めるように上まぶたに**C**を重ねて。下まぶたは**B**を細ブラシでインサイドラインを描くように入れます。

2色シャドウ

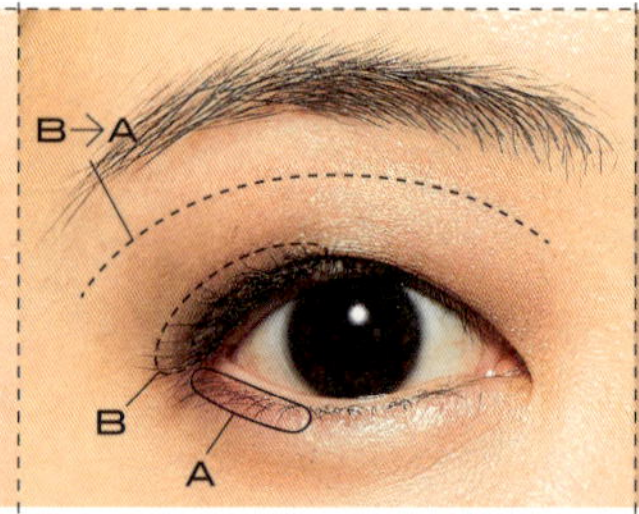

アイホールに**B**を指で広げます。同じ範囲に**A**を。こちらも指で。**B**をチップに取って目尻側だけに重ねます。下まぶたは目尻側だけ**A**を。チップの先端でキワに細く入れておしまい。

シャドウなし

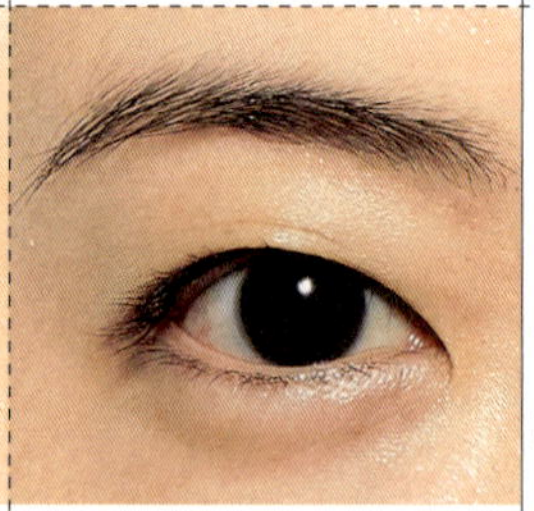

目尻が攻めドコロ！　アイシャドウだけでなく、インサイドラインを効かせるのがポイント。

イガリ的
塗り比べ ▶ 05

色系統×発色別・口紅カラーチャート

表

「美人になれるリップの色はたくさん。私がセレクトする色が正解ってわけじゃないのは、口紅でも同じこと。口元の色は、その日に着る洋服に合わせて選ぶ、ぐらいの余裕があるほうが大人っぽいメイクだと思います」

薄め

ピンクコーラル

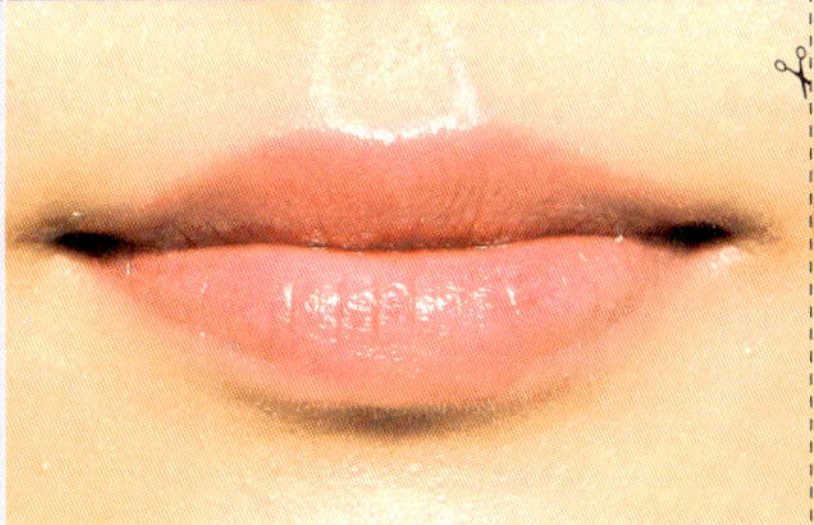
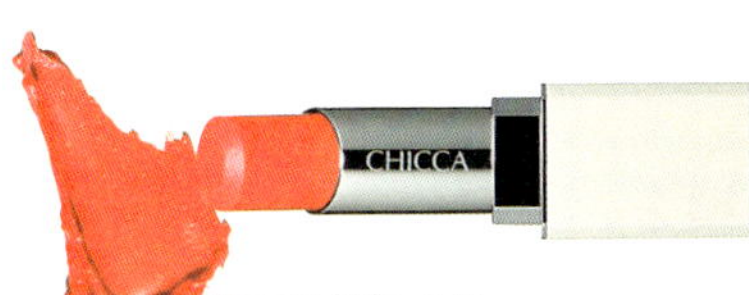

誰にでも似合いそう!
使いやすいピンク

ピンクベージュ

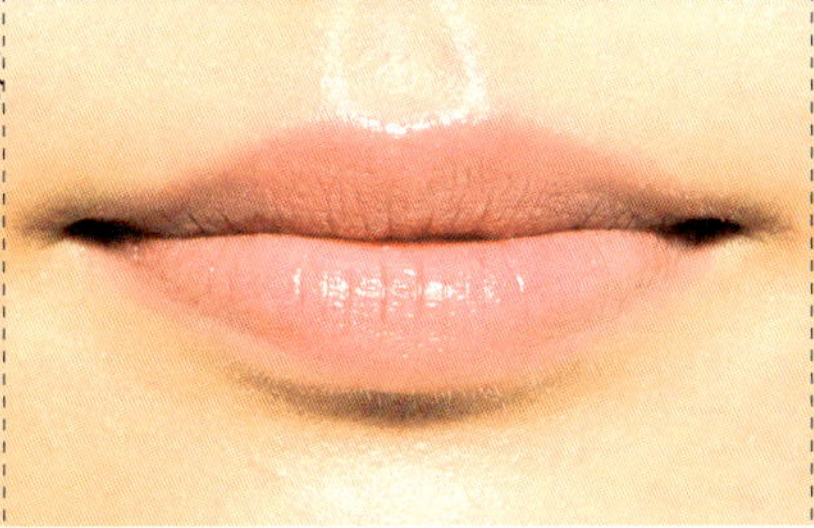
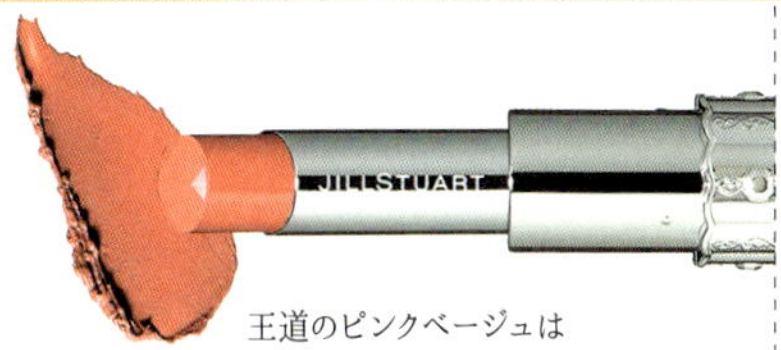

王道のピンクベージュは
やはり女らしい

レッド

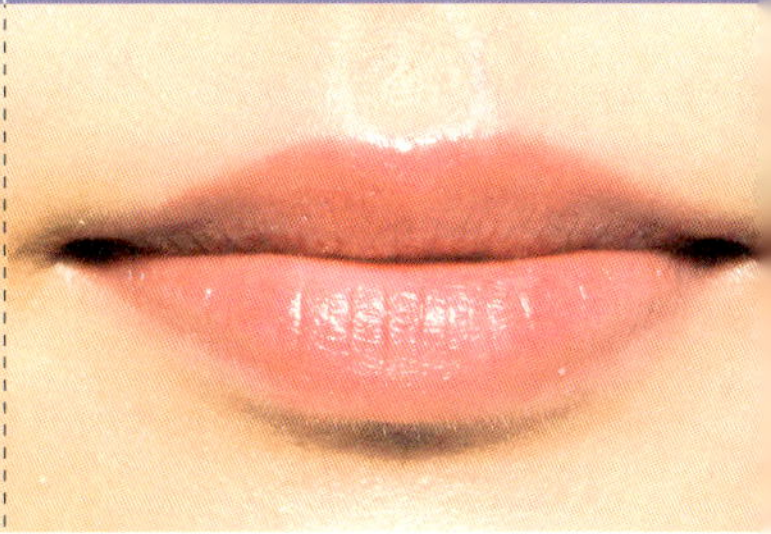
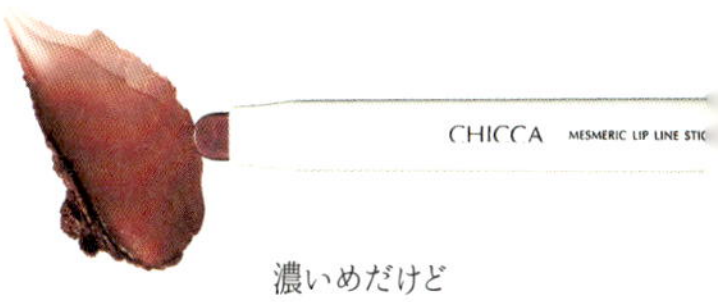

濃いめだけど
とっても使いやすい

中間

ピンクコーラル

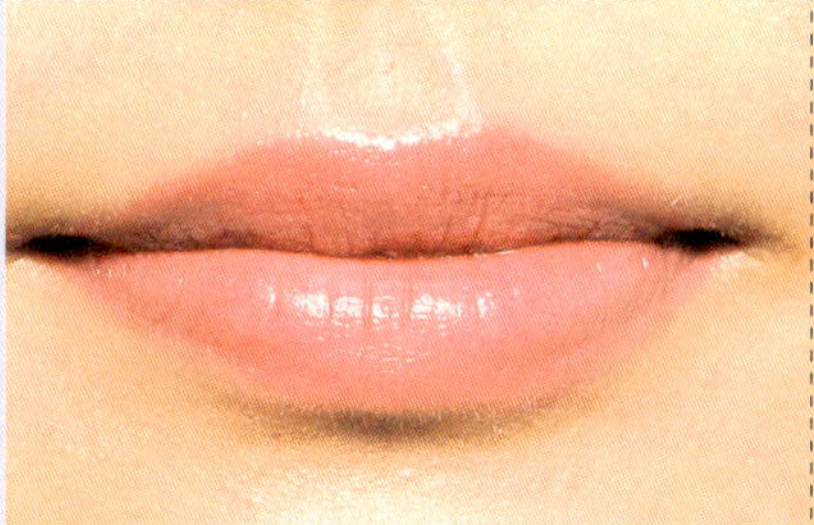

明るいピンクは
フレッシュな印象!

ピンクベージュ

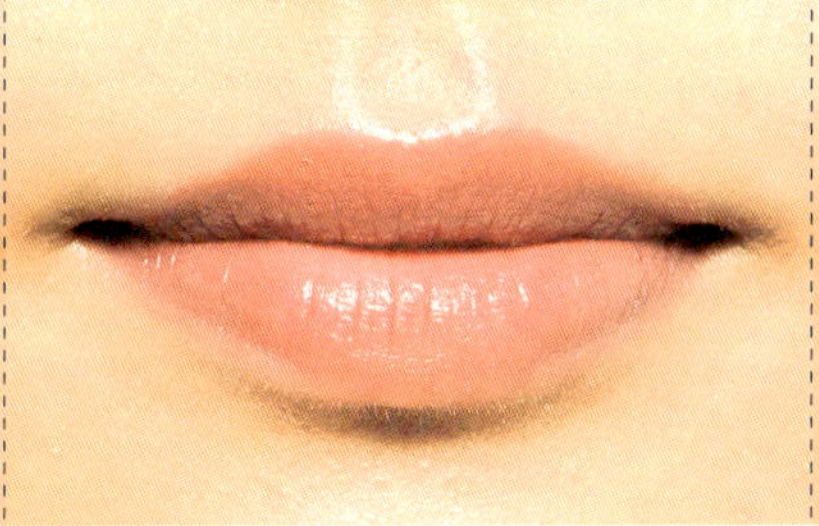

シックでも甘い雰囲気
が出せるベージュ

レッド

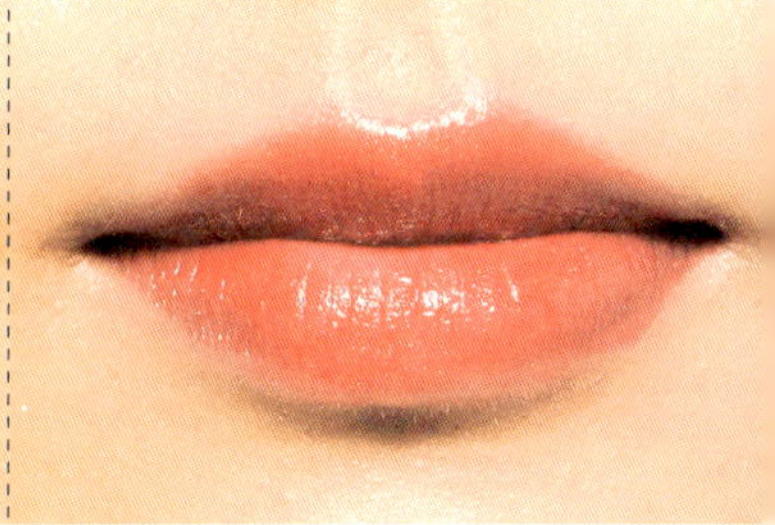
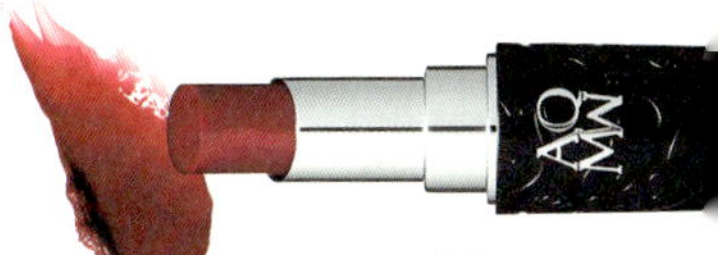

これはぜひとも挑戦
してほしい赤!

濃いめ

ピンクコーラル

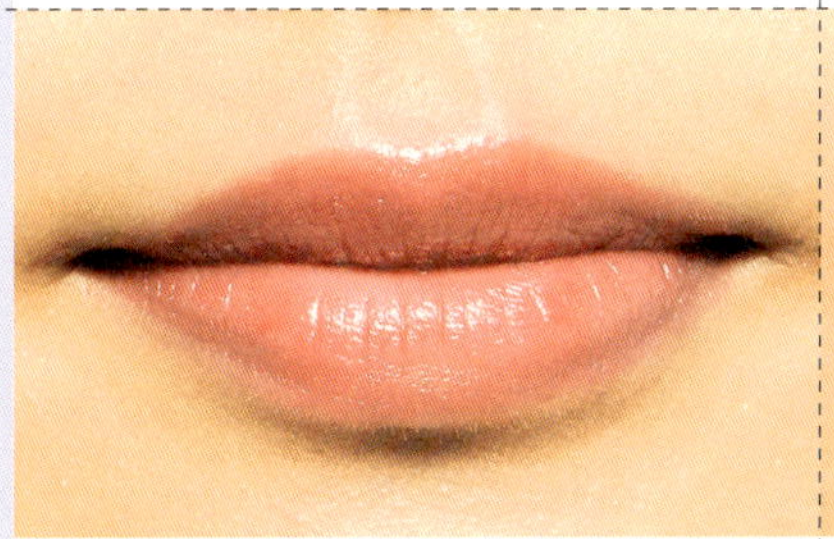
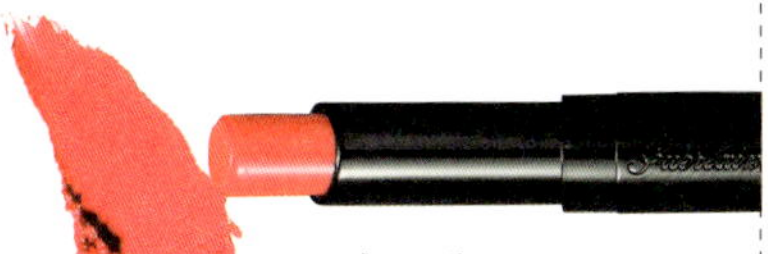

ツヤ感の可愛さと
色の上品さがいい

ピンクベージュ

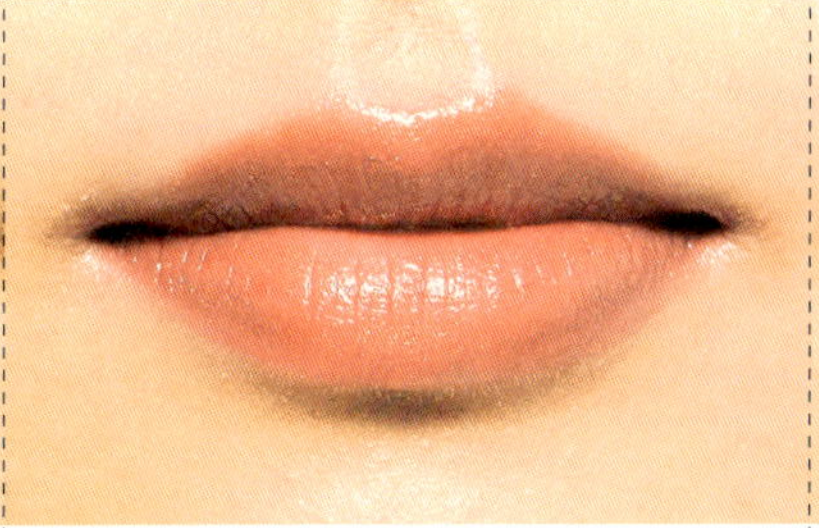
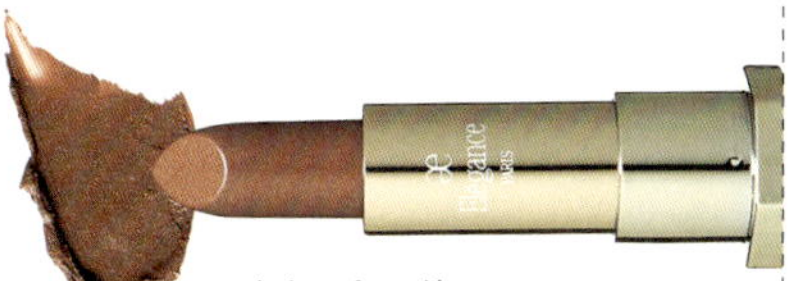

大人っぽいし塗ると
とってもオシャレ

レッド

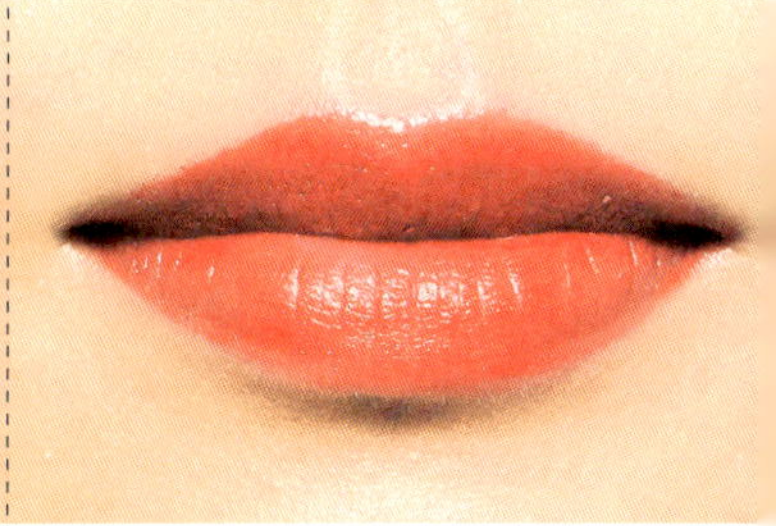

ヤバいくらいに
素敵すぎる赤!!

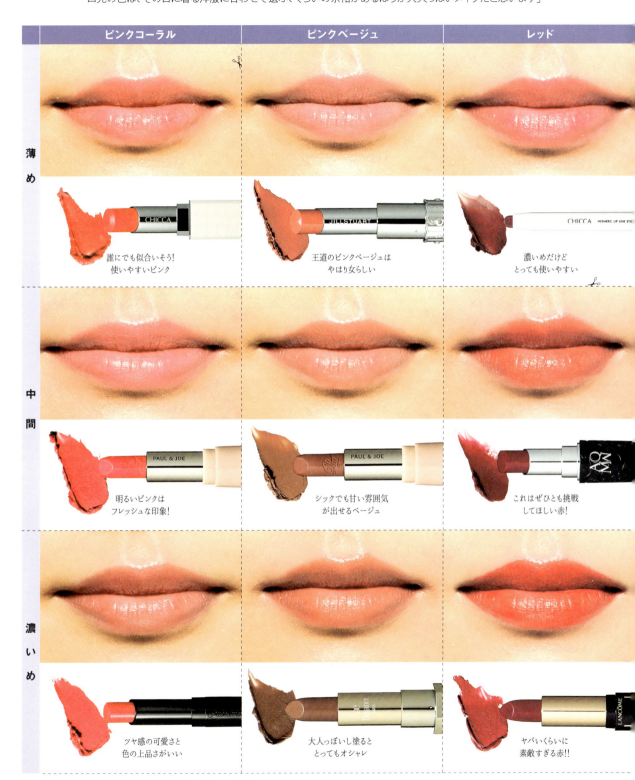

切り取って使える

丁寧な色系統×発色別・口紅カラーチャートの解説

「ここで選んだのは、レッド・ピンクベージュ・ピンクコーラルの3系統の色。さらに発色ごとに薄め・中間・濃いめに分類してみました。いろんなリップがあるから、どんどん試してみて!」

レッド	ピンクベージュ	ピンクコーラル	
 これはいい色！　肌色を問わずに、誰にでも似合う赤だと思います。キッカ メスメリック リップラインスティック 07 ¥2800／カネボウ化粧品	 パールが入っていなくて薄めの色。ほんのり色づく感じがピュアで可愛い雰囲気になれる。リップブロッサム 18 ¥2800／ジルスチュアート　ビューティ	 うるおい感があって、使いやすい王道なピーチ色。日本人の黄み肌に似合う色。キッカ メスメリック リップスティック 25 ¥3800／カネボウ化粧品	薄め
 自分では手が伸びない色かも？　でも塗ってみるとキレイな赤。こういう可愛さもあり。AQ MW ルージュ グロウ RD454 ¥3500／コスメデコルテ	 オンでもオフでも使えるのはこんな色。コンサバなメイクにはぴったり！　リップスティック 214 ¥3000（セット価格）／ポール & ジョー ボーテ	 ちょっとだけマット寄りの仕上がり。ぷるっとしたツヤ感で可愛さも十分。リップスティック 309 ¥3000（セット価格）／ポール & ジョー ボーテ	中間
 マットな発色が素敵。リップブラシを使って、ラインをきれいに取るといい感じに。ラプソリュ ルージュ デフィニシオン 195 ¥4000／ランコム	 どこかしら茶を感じさせる深みのある色で大人っぽい！ オシャレ顔になれる。ミシック ルージュ リュクス 06 ¥3800／エレガンス コスメティックス	 ヴィヴィッドなピンク。濃いめピンクはオシャレに楽しむのが一番！　これも可愛い色。ラ プティット ローブ ノワール リップ 063 ¥3600／ゲラン	濃いめ

イガリ的
塗り比べ ▸06

発色系統×印象別・グロスカラーチャート

表

「最近のリップグロスは優秀だな、と改めて思っています。色も質感もそれぞれ違うし、どれも可愛く仕上がるのがうれしい。単品でもいいけど『どんな色の口紅に重ねよう?』って考えるのも楽しい」

	ピンク系	薄ツヤ系	赤系
控えめ印象	 薄めでも見ためのピンクが出る	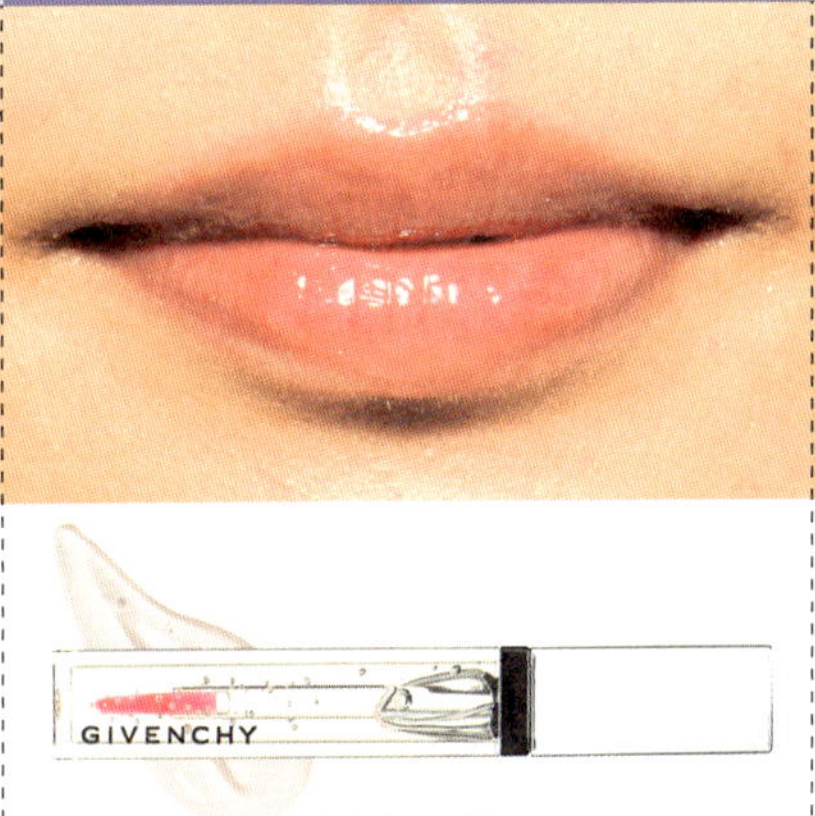 ぷるぷるの唇に見えるのもいい	 赤でもオレンジでもない絶妙な色★
中間印象	 ちょっと厚めに塗ってぷくっと仕上げて	 ミルキーな色×キラキラで可愛い	 女っぽい唇になれるダークレッド
華やか印象	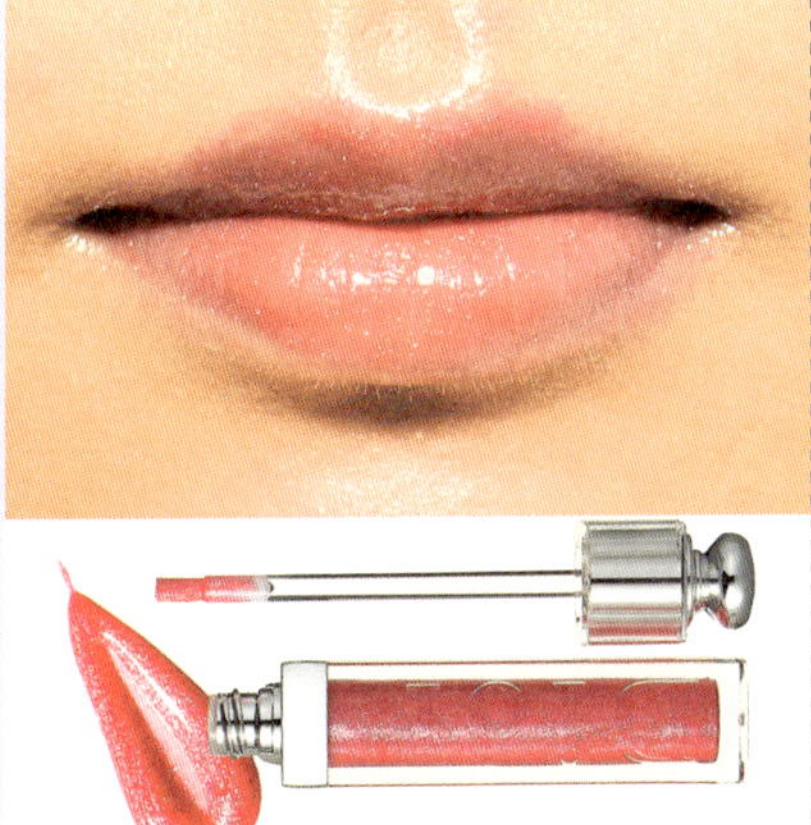 色はもちろんラメを楽しみたいグロス	 他のリップの上に重ねて使うのも◎	 カッコいい雰囲気にするならコレ!

裏

切り取って使える

丁寧な発色系統×印象別・グロスカラーチャートの解説

「リップグロスは、グラデーションになるように選んでみました。どれか1本で仕上げてもいいけれど、おすすめしたいのは口紅と重ねること！　どこからこの色が出ているんだろう、と思わせる深みが出ます」

	赤系	薄ツヤ系	ピンク系
控えめ印象	 赤ともオレンジともつかない、中間くらいで揺らいでいる色が可愛い。ツヤの具合も言うことなし。ジューシー シェイカー 166 ¥3000／ランコム	 じんわり色が変わっていってキレイ！ぷるぷるとうるおった唇に見せてくれます。グロス・レヴェラトゥール 34 ¥3500／パルファム ジバンシイ	 とにかく可愛いピンク。ちょっとだけ青み寄りで、肌が明るく見えるのもいいところ。キッカ メスメリック グロスオン 15 ¥2800／カネボウ化粧品
中間印象	 グロスだから挑戦しやすいダークレッド。チップを使って丁寧に塗るのがポイント。ピュア カラー エンヴィ グロス 16 ¥3300／エスティ ローダー	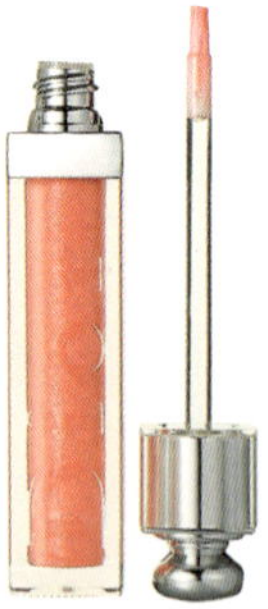 ミルキーなピンク。ヌーディーな仕上がりがちょっとエロっぽい。ディオール アディクト グロス 267 ¥3400／パルファン・クリスチャン・ディオール	 発色とツヤがたまらない。上唇の中央だけ厚めに塗ると可愛い。フォーエヴァージューシー オイルルージュ 01 ¥2800／ジルスチュアート　ビューティ
華やか印象	 潔くヴィヴィッドに発色する赤はカッコいい！　ルージュ ピュールクチュール ヴェルニ ヴィニルクリーム 409 ¥4100／イヴ・サンローラン・ボーテ	 うるうるとしていて、奥に色がある感じが可愛い。口紅に重ねてもいい。キッカ メスメリック ウェットリップオイル 03 ¥3200／カネボウ化粧品	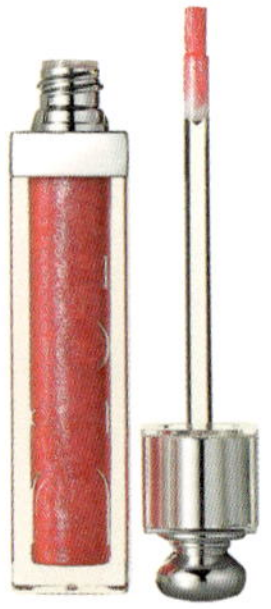 シックな青みピンク。指で、ムラっぽく仕上げてもいい感じです。ディオール アディクト グロス 686 ¥3400／パルファン・クリスチャン・ディオール

番外編

肌色別・リップの見え方の違い 実験してみました

「口紅とグロス、それぞれを肌色別に腕の内側で塗り比べ！　もともとの肌の色素や血色感によって、同じ色でも見え方が本当に変わるのが興味深い！　肌色ごとに、似合う色を判別してみたので、お買い物をするときの参考にして♪」

口　紅（P059、060で登場）

アイテム

イエローベース

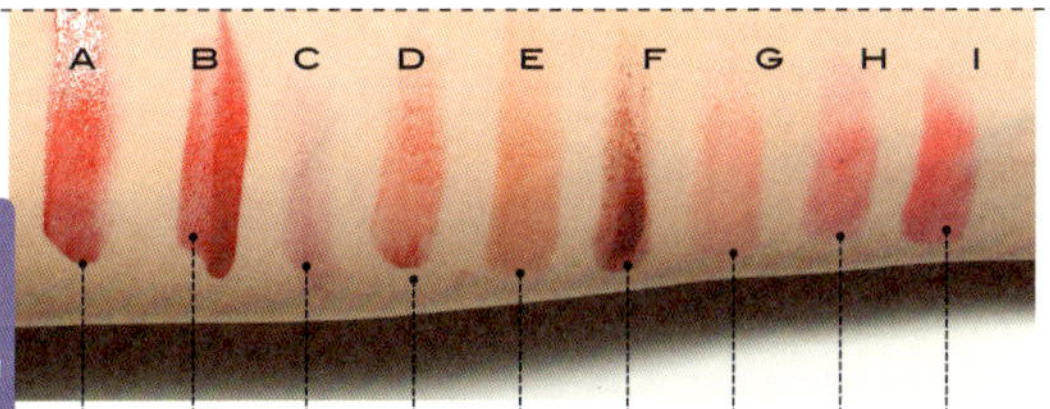

イガリ的似合ってる度（%）

A	B	C	D	E	F	G	H	I
80%	100%	75%	60%	50%	60%	75%	70%	90%

イエローベースの人は、肌の黄みと口紅の赤の相性が悪いと顔色が沈んで見えたり、肌がくすんで見えることが。だから、どんな赤みのものを選ぶのかがポイント！　ベージュ系も黄みが増して見えるから、パキッとした赤が入っているものがおすすめです。

ホワイトベース

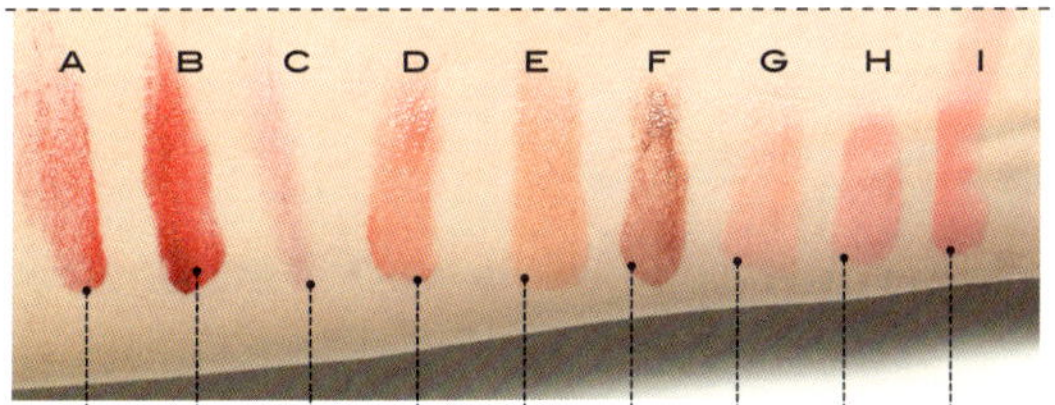

A	B	C	D	E	F	G	H	I
65%	80%	85%	85%	85%	90%	70%	85%	100%

肌が白い人は、すべての口紅の発色がピンクみを帯びる傾向があります。色みは見たままにハッキリ出るので、なりたいイメージに合わせて色を選んでオッケー。せっかくなので白肌さんの特権を生かして薄め発色の赤やピンクでニュアンスの違いを楽しんでみて！

ブラウンベース

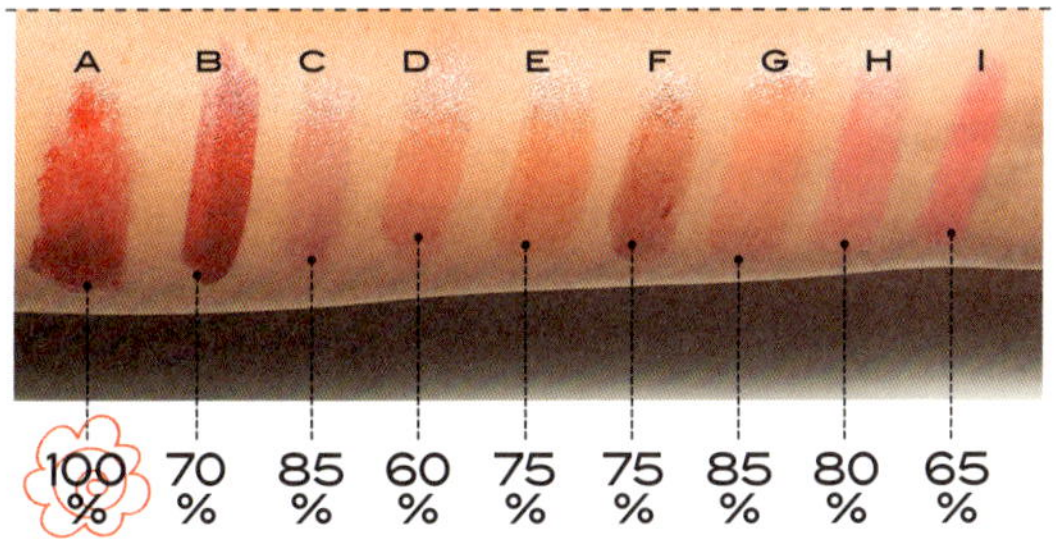

A	B	C	D	E	F	G	H	I
100%	70%	85%	60%	75%	75%	85%	80%	65%

肌色が暗めの人は、色が濃いめに発色。パール入りの明るめの色は白っぽく浮いて見えてしまう傾向があります。濃いめの赤は、よく言えば大人っぽく、悪く言えば老けて見えちゃう可能性あり！　色よりも透け感があるかどうかが重要なポイントです。

グ ロ ス（P061、062で登場）

アイテム

イエローベース

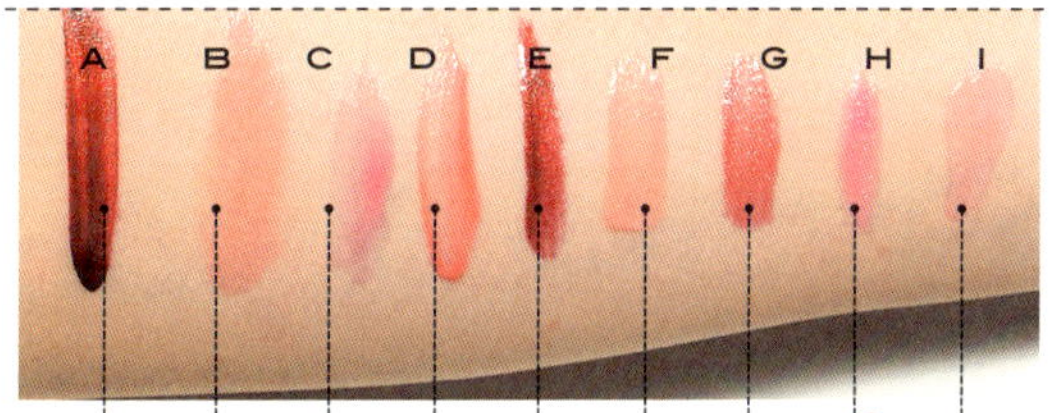

A	B	C	D	E	F	G	H	I
80%	65%	65%	75%	60%	75%	85%	100%	90%

グロスによっては、発色がグレイッシュに見える場合が。そうすると肌色もくすみがち。似合ってる度が高いものは見た目に近い発色が欲しい場合に◎。似合っている度数が低いものは、ニュアンスだけ感じさせたいとき重ねづけ用として使うのが正解です。

ホワイトベース

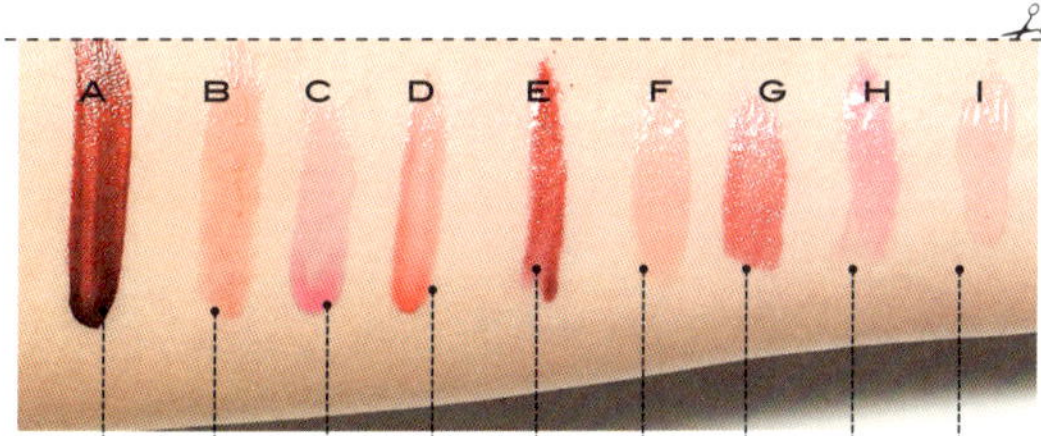

A	B	C	D	E	F	G	H	I
80%	75%	85%	65%	100%	60%	85%	85%	90%

思った以上にグロスの光り感が出てこないのは、私も意外！　口紅と同じように色みはちゃんと出るので、薄め色を楽しめるのがいいところです。肌や唇の色素が薄いぶん、グロスがムラになっていることが目立っちゃうので、丁寧に塗りましょう。

ブラウンベース

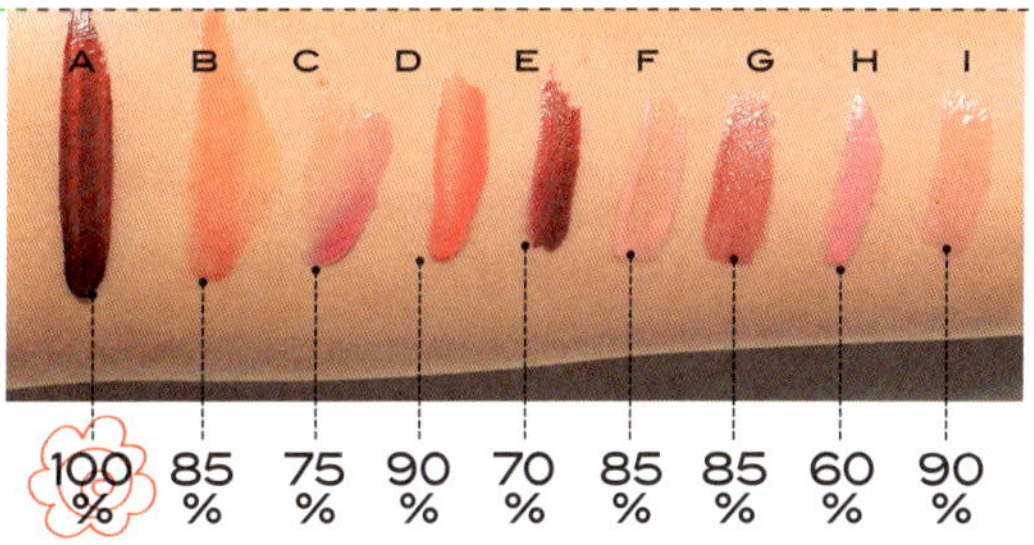

A	B	C	D	E	F	G	H	I
100%	85%	75%	90%	70%	85%	85%	60%	90%

グロスのツヤが出やすいことが判明！　色も凝縮したような発色になるので、グロス一つで仕上げたいときは色が薄めのグロスのほうがおすすめです。あとは、思い切ったダークレッドもお似合い。カッコいいイメージになれる色黒さんの特長を楽しむが勝ち！

Finish!

塗り比べたアイテムでイガリ化粧！ ①

パーツごとのバリエーションを踏まえて、次はメイクをしてみましょう。
色っぽさを漂わせるなら、こんなパターンはいかがでしょう？

【パーツ別・組み合わせ一覧】

「ここまで紹介してきたテクニックやアイテムの組み合わせレシピ。なりたいイメージに合わせて、パズルを組み立てるようにメイクしてみましょう！　色っぽくなりたいときは、こんな組み合わせで」

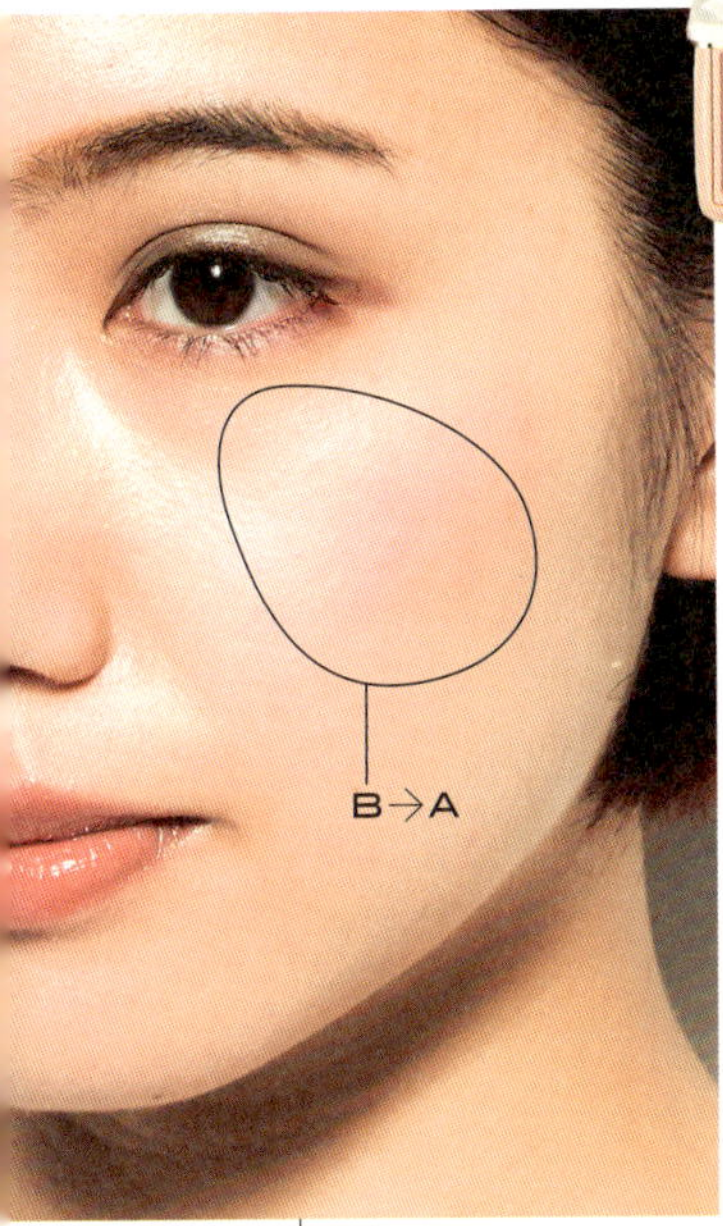

【丸顔×ピンクチーク】

▶▶ P053,054 をチェック

チークは、卵形になるように意識。明るい色を多めにのせて肌の内側から光やツヤが放たれているような仕上がりを目指しましょう。目元と口元に赤みがあるから、頬の赤みは少しだけ。

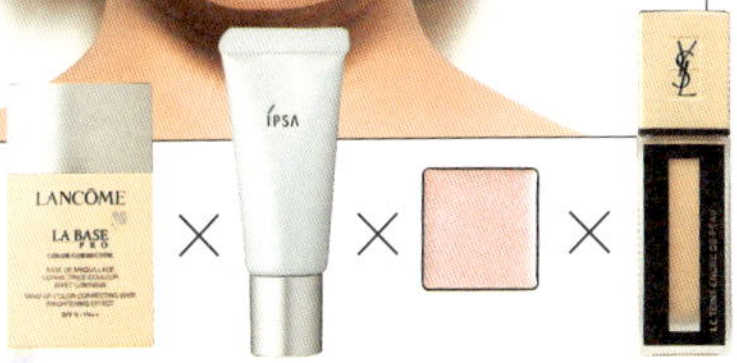

【イエローベース】

▶▶ P051,052 をチェック

自分の肌色に近い下地、透明感出しのブルー、そして目のまわりに仕込んでおくピンク系ハイライト。あらかじめ肌にピンクやブルーのニュアンスをおいておくことで、ポイントメイクが軽めでも可愛いメイクが完成します。

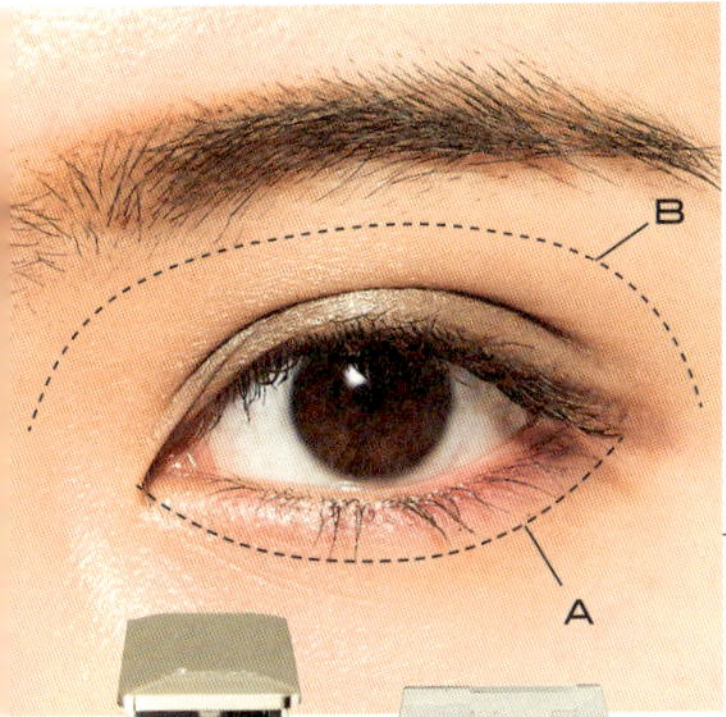

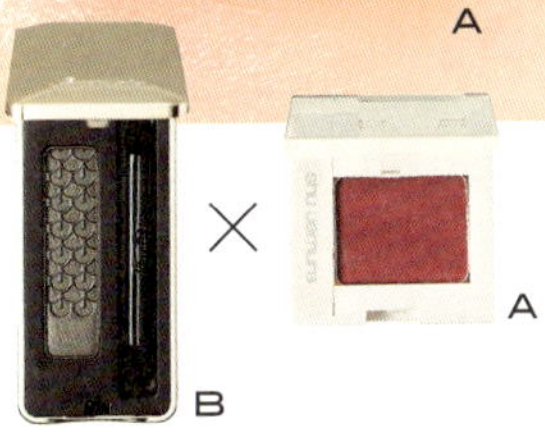

【二重×2色シャドウ】

▶▶ P057,058 をチェック

上まぶたはカーキをさらっとのせて、下まぶたの目尻に赤みを効かせたパターン。テクニック自体はシンプルでも、大人っぽくて色っぽい目元が完成。

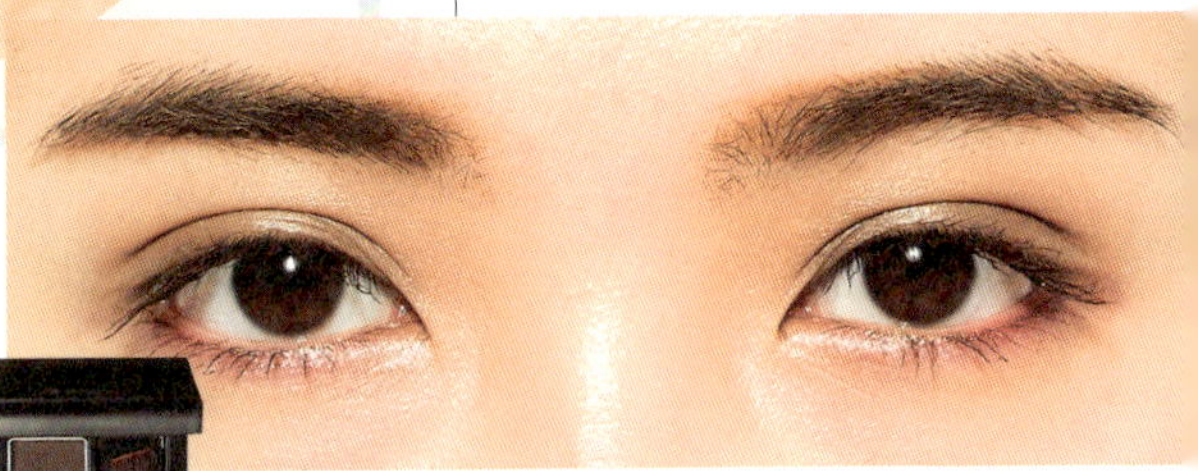

【直線眉×キリリクール】

▶▶ P055,056 をチェック

眉は濃いめのパウダーを使ってキリリと作ります。全体のイメージは可愛く、眉ではキリッと感を演出することで、知的な印象をプラス。賢そうな雰囲気が出てきます。

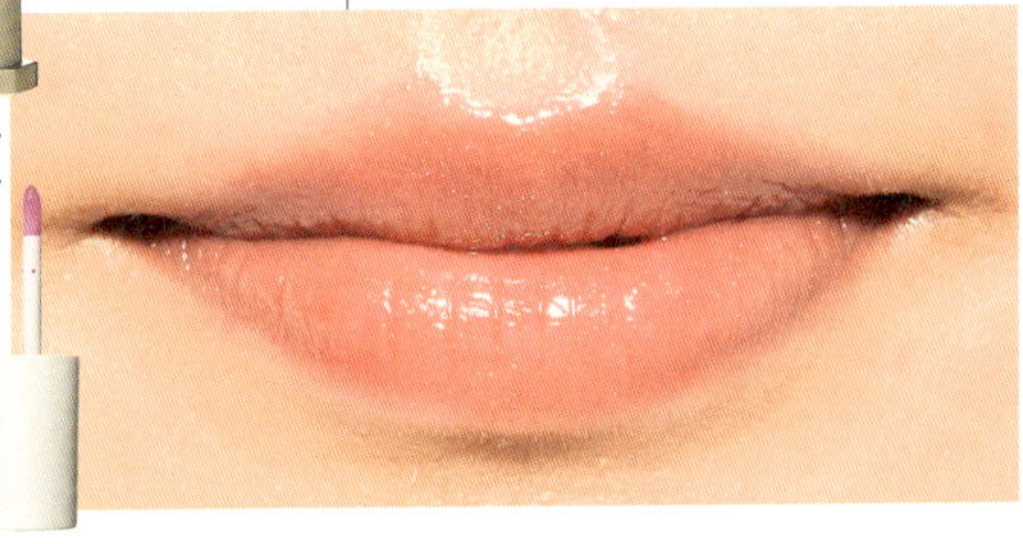

【エレガンスの口紅×キッカのグロス】

▶▶ P059～062 をチェック

美人色のピンクベージュを全体に塗ったあとで、グロスでツヤをプラス。口紅の色とグロスの色が重層的に見えるから、なんとも絶妙な色に仕上がります。

Finish!

塗り比べたアイテムでイガリ化粧！②

もうひとつのバリエーションがこちら。全体としてはクールな雰囲気。ポイントで温もりや女らしさを感じさせて。

【 パーツ別・組み合わせ一覧 】

「もともと可愛らしい顔立ちのモデルさん。白さを生かした肌をキャンバスに、強めのポイントをぽん、とおいていくイメージで仕上げるとぐっと大人っぽく、かつコンサバなイメージに」

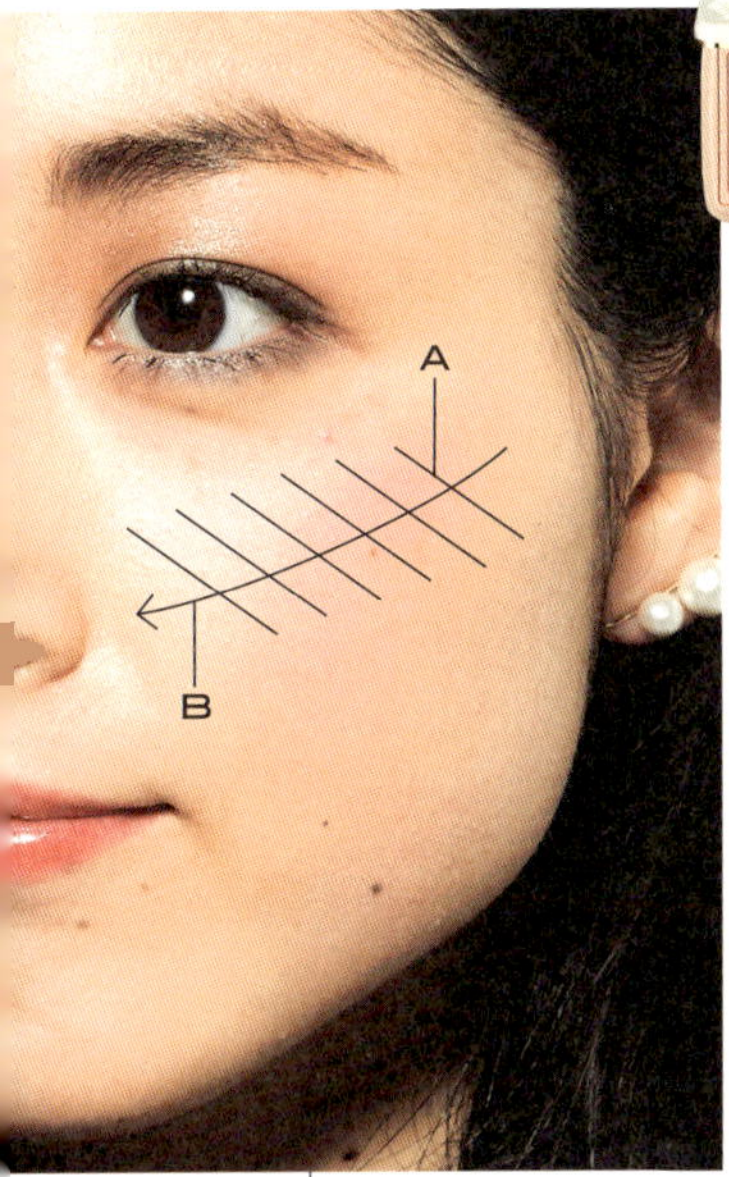

【ベース型×ピンクチーク】

▶▶ P053,054 をチェック

ピンクチークをうっすらと広めに。頬の下から上に向けてのせるとチークの位置が自然と下めになります。分かりますか？ポイントメイクの重心もメイクのバランスには大事。

【ホワイトベース】

▶▶ P051,052 をチェック

黄みをおさえ、ツヤを足すことが白肌ベースの基本。目のまわりだけトーンを落としておいたことで、さりげなく、顔全体の立体感が出てきます。

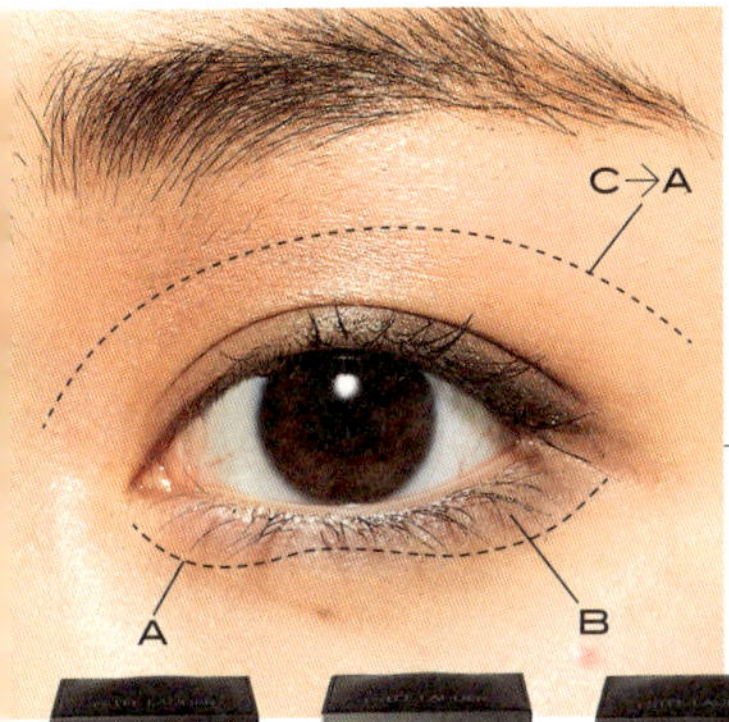

【二重×3色シャドウ】

▶▶ P057,058 をチェック

美人系なコンサバメイクに見せながら、顔全体を引きで見ると下まぶたのネイビーがポイントに。人とちょっと違うと思わせるさじ加減、てやつです。

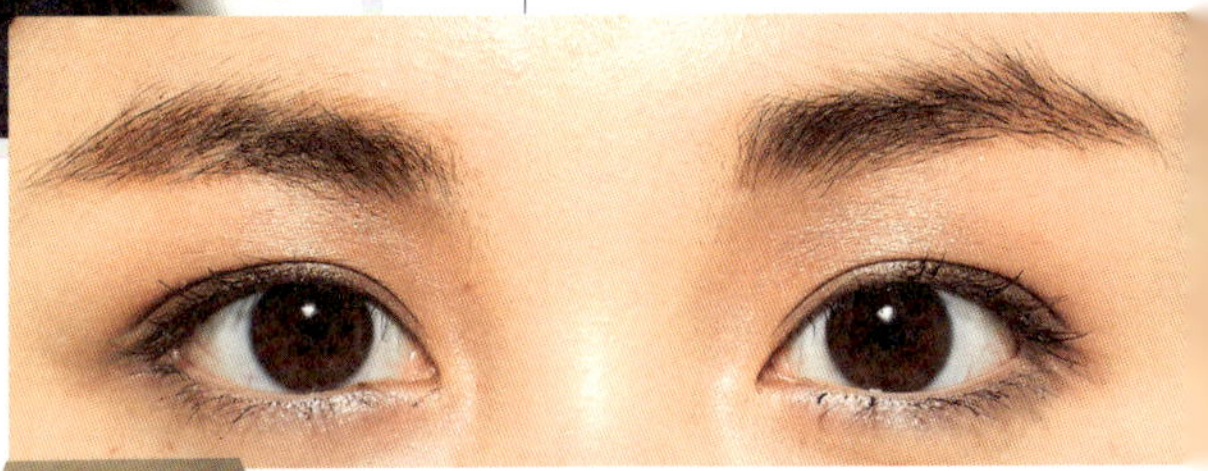

【細眉×ふんわりモテ】

▶▶ P055,056 をチェック

ニュアンスが出るブラウン系パウダーを、実際の眉よりも少しはみだし気味に重ねて。全体のクールな印象はそのままに、存在感がある眉でふんわり女っぽさもプラス。

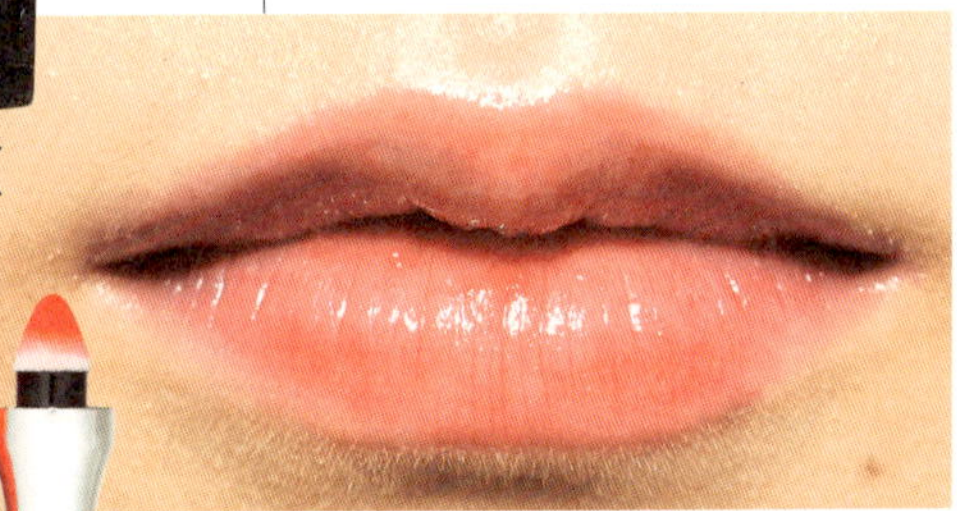

【AQ MWの口紅×ランコムのグロス】

▶▶ P059～062 をチェック

白肌の中に赤リップがぽっと浮かんでいるような感じに。肌がますます白く見えて、しかもセンスがいい人というイメージまで手に入っちゃうと思います。

Let's Try!

さあ、自分の顔で組み合わせてみましょう

それぞれの塗り比べページから、自分のパーツに当てはまるメイクを切り取って貼ってみましょう。
自分にぴったりのメイクが出来上がります。

【＿＿＿＿＿ × ＿＿＿＿＿チーク】

チーク

MEMO

【＿＿＿＿＿＿＿ベース】

ベース

MEMO

【私の顔】

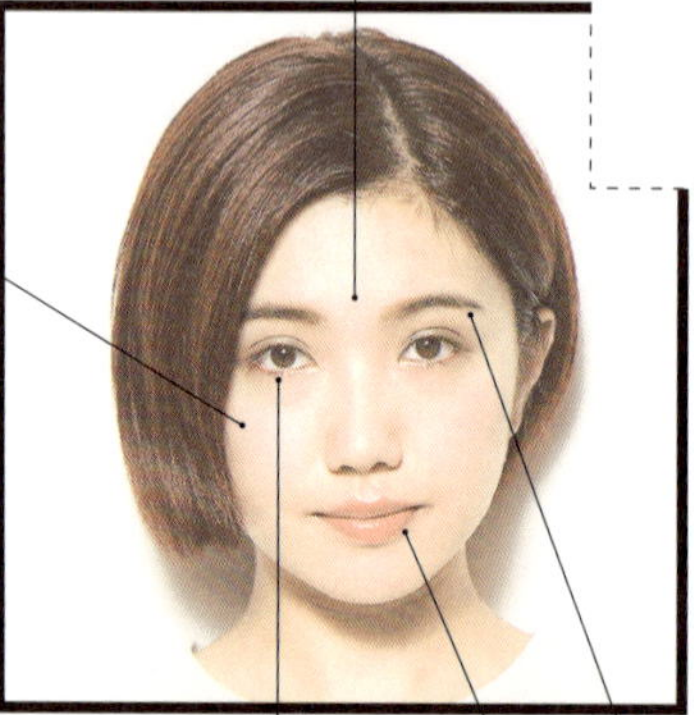

【＿＿＿＿重】
×
【＿＿＿＿＿＿＿】

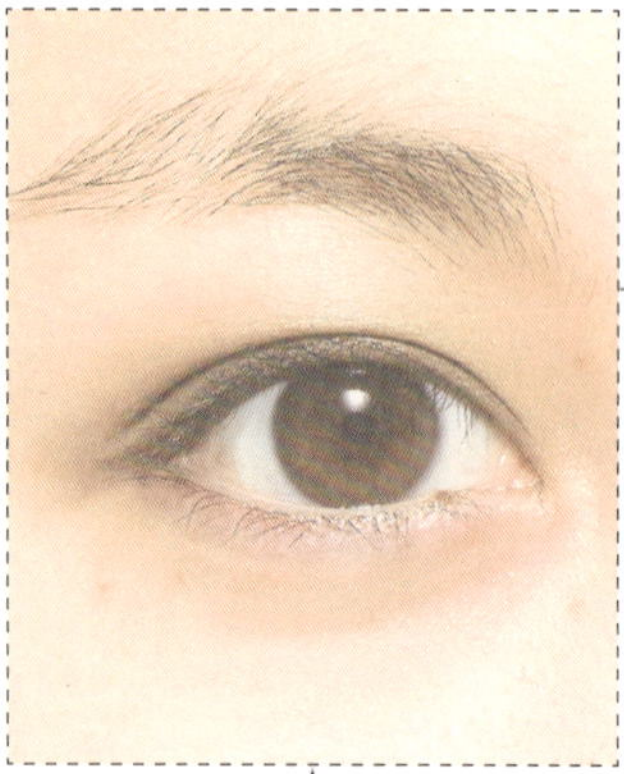

目元

MEMO

【＿＿＿＿のロ紅】
×
【＿＿＿＿のグロス】

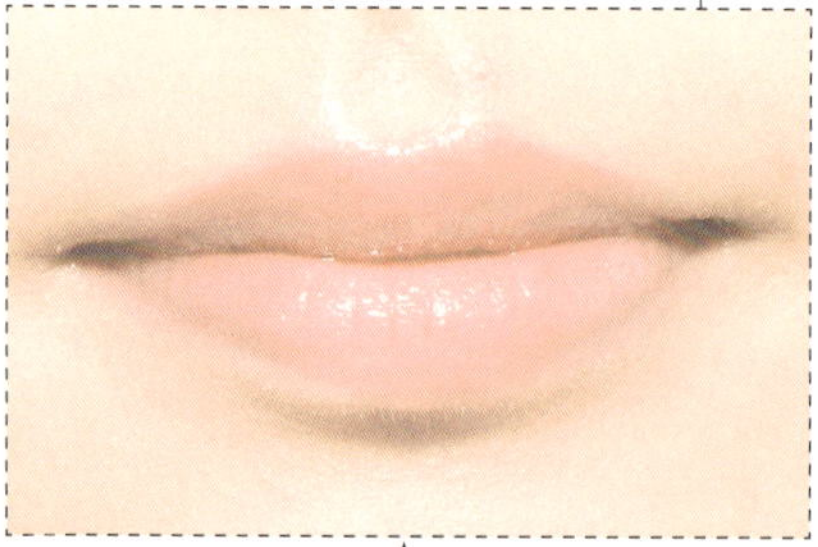

唇

MEMO

【＿＿＿＿重】
×
【＿＿＿＿＿＿＿】

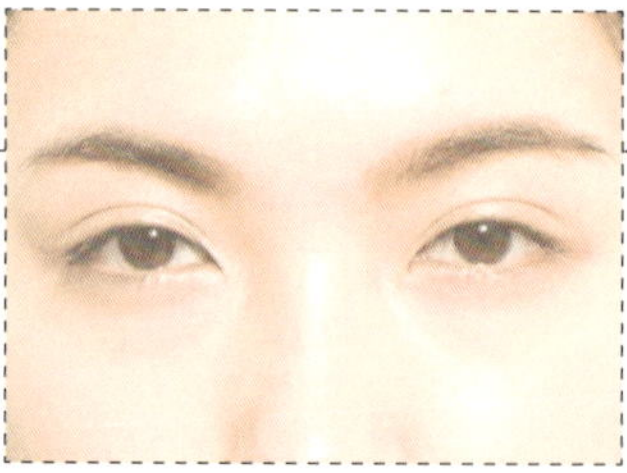

眉

MEMO

気づいたことノート

- 気になるHow toや、アイテムを切り取って貼ってみましょう
- ふせんシールを貼った好きな章の好きなメイクをメモしましょう

今度やってみること

お気に入りの技

欲しいアイテム

挑戦したいメイク

イガリ化粧的〝ポニーテール《ひとつくくり》〟の

WHY PONYTAIL?

コンサバなヘアアレンジにおいて、ポニーテールは重要な立ち位置！ ダウンスタイルも素敵だけれど、職場でも休日でも、大人の女性のポニーテールにどうしても惹かれてしまう、というイガリシノブ。若い子がするポニーテールとはまた違った魅力。それはなぜ？

ポニーテールがなぜ好きかって？
母性と気立ての良さを感じるから。

働

さぁ、やるぞっていうときに、
ササッとポニーテールをする
女性が好き。ちゃんと働くぞという
気概を感じるからなんですね。
その奥には大地のような深い懐を持つ、
母性すらも感じてしまいます。

前髪やおくれ毛の残し方でニュアンスも変わる！ 大人のための万能アレンジ

VOCE2016年6月号

VOCE2016年7月号

VOCE2016年8月号

VOCE2016年3月号より

母性

イガリ語録 洗い物女性……洗い物をするときにキュッとポニーテールしてるみたいな凛々しいイメージ。家の仕事もちゃんとする、気立てのいい女性像です。

お話。

馬

馬

馬

イガリ語録　聡明な日……例えば休日なんかに落ち着いて読書に耽る。そんな文化や芸術に触れる日の気分やヘアメイクのこと。

鉄板アイパレット使い回し術

AQ MWの いい女パープル

エレガントな雰囲気が手に入るパープルがメイン。そこに可憐なピンクがセットに。女性らしさやエロさを意識しながら使うと、大人可愛くなると思います。

このパレット、キレイ～！　きっとみんな好きな色。甘いんだけどちょっと辛口なパープルがいい感じ。AQ MW グラデーション アイシャドウ 057 ￥5700／コスメデコルテ

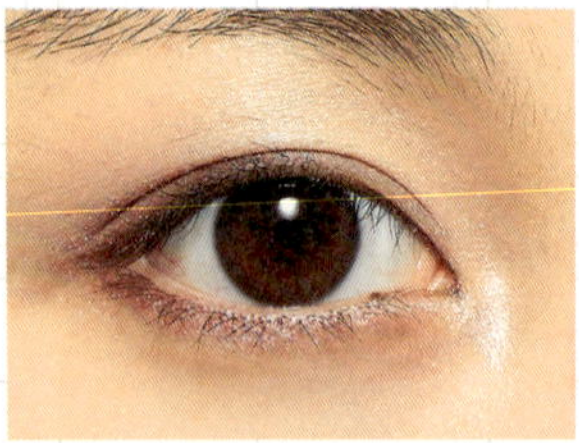

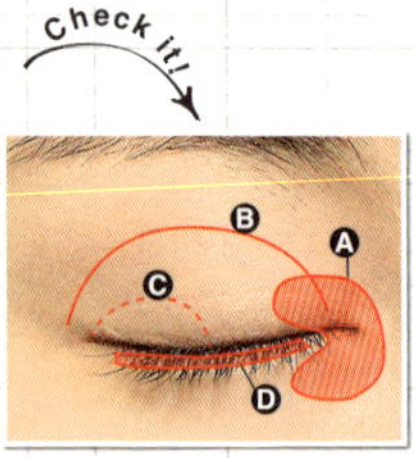

使い回し 1 ほんのり辛口な赤みの目元が大人っぽい！

まず、🅑のふんわりピンクをブラシでアイホールにのせます。次に🅓の締め色パープルを下まぶたのキワをチップでなぞるように細めに入れて。🅒のパープルを上まぶたの黒目上～目尻までのせて、目頭に🅐のピンクホワイトをハイライトとしてのせたらできあがり。

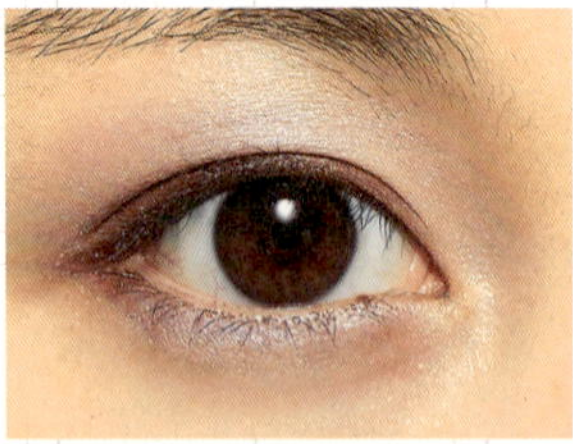

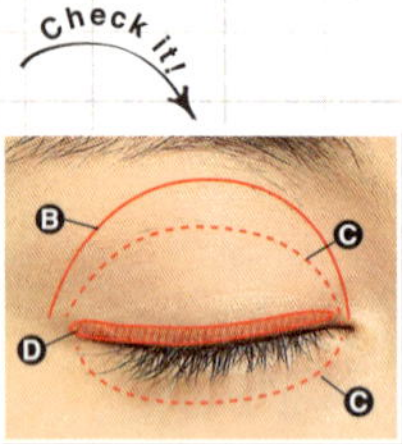

使い回し 2 さらっとしながら女っぽい指づけで叶えるアイメイク

🅒のパープルを指でアイホールよりやや広めにのせます。下まぶた全体にも同じ🅒を。🅑のピンクを、これも指で上まぶたに。のせる範囲は眉下までにして目元全体をふわっと明るく！　🅓を細めチップにとって二重幅より細めにすっと入れて。甘さと辛さのバランス！

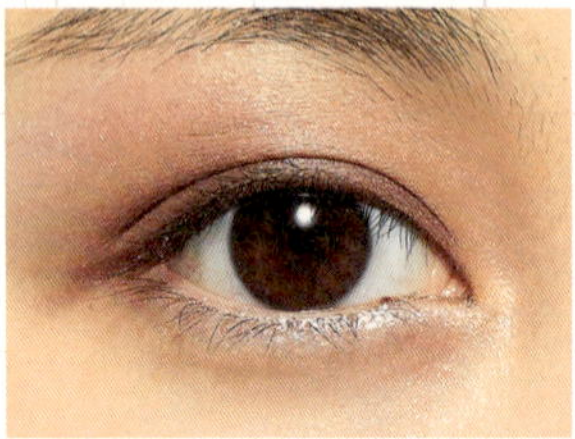

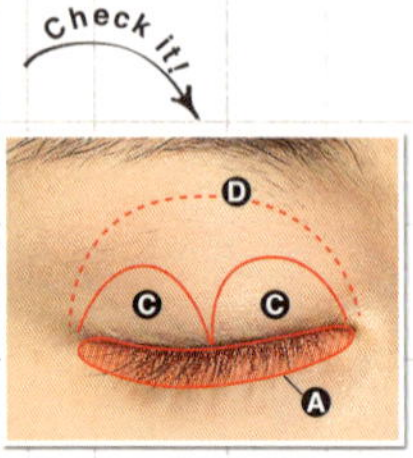

使い回し 3 パープルonパープルの重ねワザでモード風！

🅓をブラシにとって、上まぶたに。アイホール全体に、色のニュアンスをかけるくらい薄くするのがコツ。続いてブラシで🅒のパープルを重ねます。目頭から中央に向けてふわっと、目尻から中央に向けてふわっと２段階で！　下まぶたは全体に🅐で光を足して。

パール感のあるブラウン系の３色に、ブルーがセット。色の組み合わせが考えられているのがありがたい。光り方もキレイで◎。イプノ パレット DR11 ￥6800／ランコム

ランコムの 知的ベージュ

キラキラ系ブラウンだけだと王道だけど、ブルーが入っているのがポイント！　たくさんの色を揃えたくない人はこれを持っておくと、いろんなメイクができるはず。

使い回し 1 色を少しずつ重ねて横長な目を作りだす

🅔のブラウンをアイホール全体に。その外側にさっと🅐のハイライトカラーをかぶせます。🅑はアイライナー使いで目のキワに。🅒のブラウンで目尻側を囲むようにのせ、目の横幅を拡張します。最後に🅓のキラキラベージュを目頭にさっとのせて、大人コンサバ顔に！

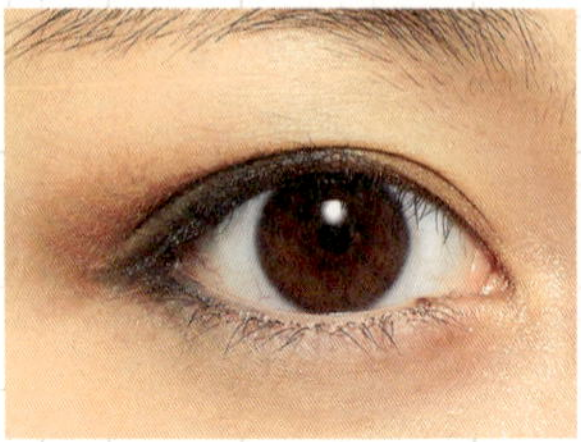

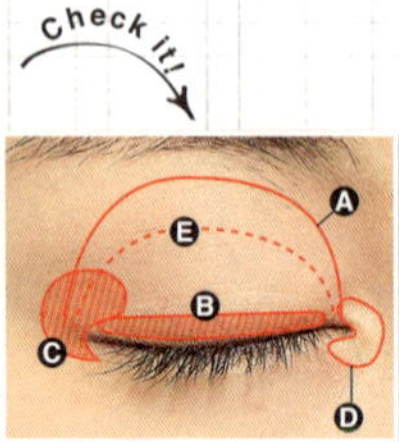

使い回し 2 ブラウンの鏡餅グラデでやさしい丸い目に

上まぶた全体に🅓をベース的に。目の丸みを強調するようにドーム形っぽく入れます。その上に🅒のブラウンを重ねます。普通のグラデにしないで、中央が高めの三日月形になるように。２色の重なり具合は鏡餅をイメージ。下まぶたは🅔をキワ全体に入れてキリッと。

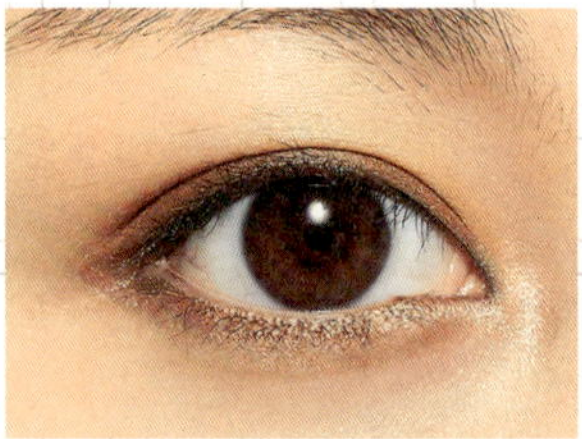

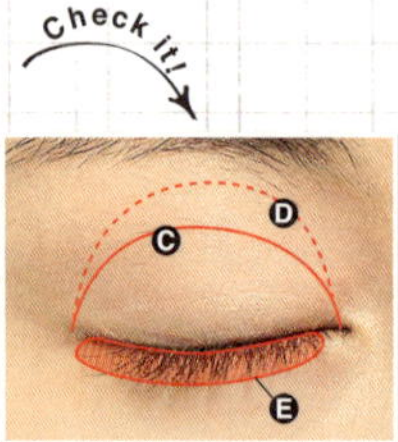

使い回し 3 ブルーを最初に敷いたら奥深いブラウンアイに

🅑をごく薄く二重幅に広げます。下まぶたのキワも同様に。はじめにブルーを敷いておくと、同じブラウンでもニュアンスが変化。アイホールに🅔を重ねたら、上下のまぶたを軽く囲むように🅒のブラウンを入れて。使い回し１の発色とは違うの、分かりますか？

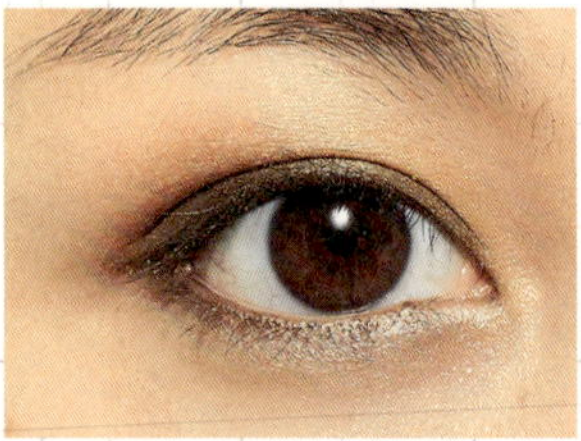

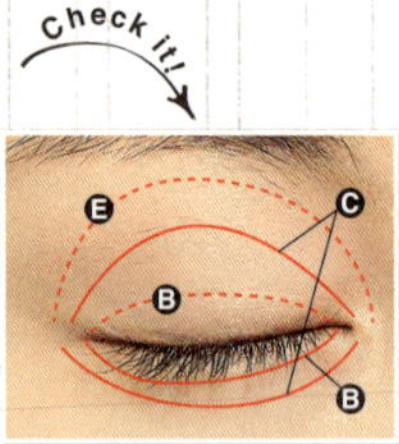

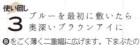

3 × 4 ＝ 12 連発

通常のイガリ的アイシャドウは、いろんなアイテムの色と質感を組み合わせるのが基本。とはいっても、パレット一つで仕上げたいと思う気持ちも分かります！ そこで１つのパレットでも、使い方次第でイメージを変えられるテクニックを12パターンご紹介。

使い回し 1 締め色を線使い＆点使いで重ためおしゃれメイク

まず上まぶたにⒸを、二重幅よりも少し広めに。目のキワにそってⒷをシュッとライン状に入れます。目尻はハネ！　下まぶたはⒷだけ。チップの先端でちょんちょんと置くようにしてのせます。点を４ヵ所に打つ、くらいの気持ちで。このⒷの使い方がポイントです。

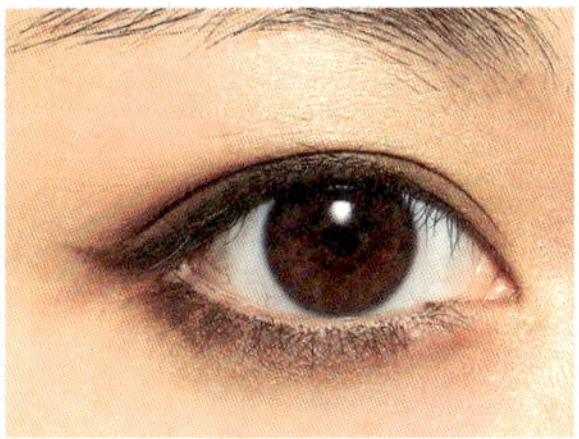

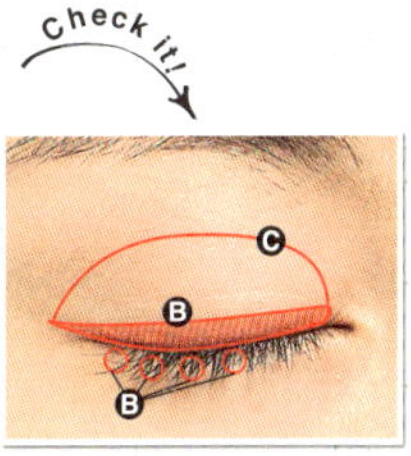

使い回し 2 ニュアンスカラーでゆる〜い囲み目に

ふわっと明るい目元にもできます。Ⓐをアイホール〜目尻まわり〜下まぶたの涙袋全体、と広めにふわっとのせます。上まぶた全体と下まぶた目尻１／３に細チップ幅くらいでⒸを入れ、最後にⒷを黒目の上、下、それぞれにのせたらパッチリと丸く大きな目に変身。

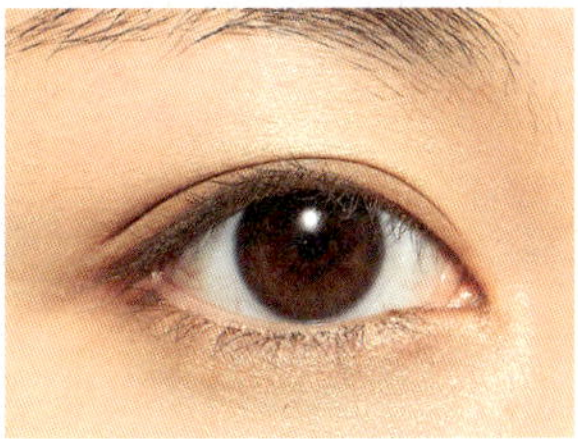

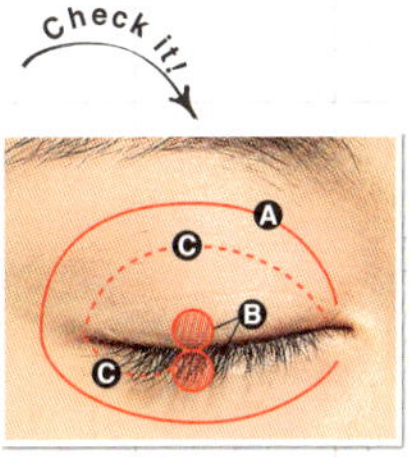

使い回し 3 グラデ生かしで王道のブラウン系デカ目！

ブラウンで作るデカ目はコンサバメイクの王道！　Ⓑで上下の目のキワを囲みます。あまり幅が広くならないように注意して。次に少し外側にⒸを重ねます。ブラウンをぼかしてなじませながらのせていくイメージ。最後にアイホールまでⒶをさっとかけて完成。

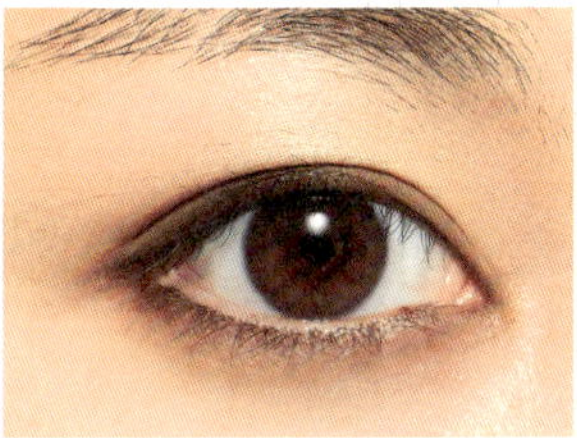

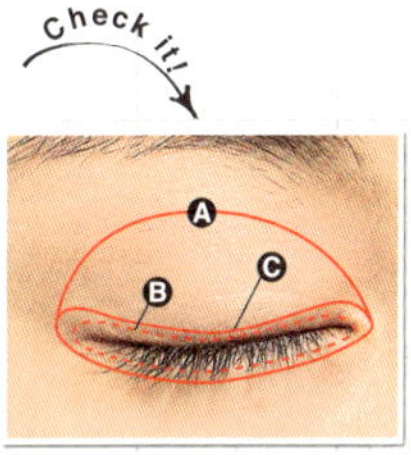

ルナソルの王道ブラウン

チョコレートのような温もりブラウンのパレット。女性なら誰もが好きだと思える色はまさに王道。コンサバにもカジュアルにも対応できるマルチな４色入り！

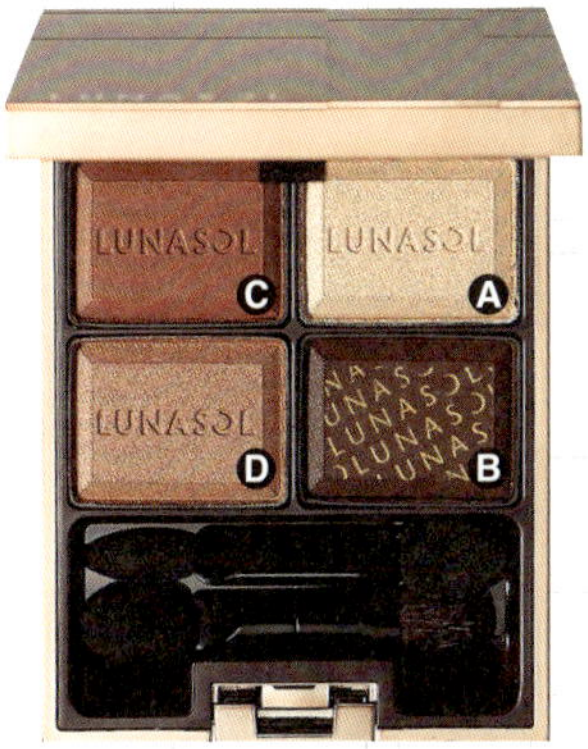

赤茶系のパレット。撮影で使うことも多いです。どこかはかなげで愛らしい雰囲気の表情になります。ルナソル セレクション・ドゥ・ショコラアイズ 02 ￥5000／カネボウ化粧品

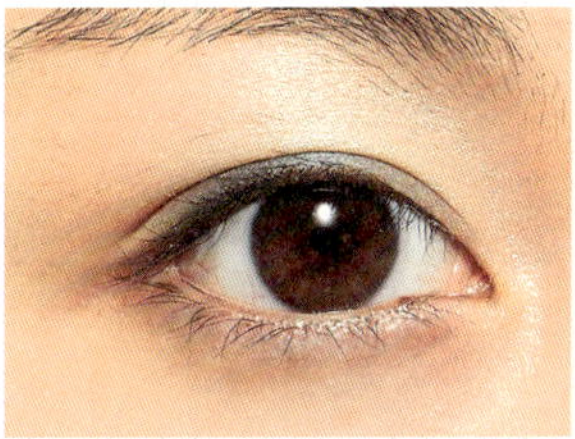

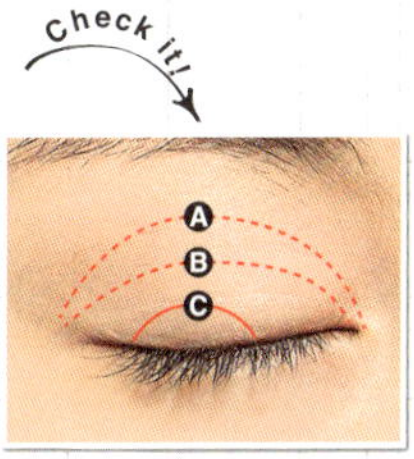

使い回し 1 ざっくばらんな軽グラデでカジュアルを楽しむ

指で３色をさささーとざっくばらんに重ねるだけ。まず、Ⓐをアイホールに、Ⓑを二重幅より広めに、Ⓒを黒目の上だけにのせます。ただし、シャドウを広げる範囲を目尻より内側にとどめて、目尻側に抜けを残すのがポイント。軽さを生かすとおしゃれっぽいです。

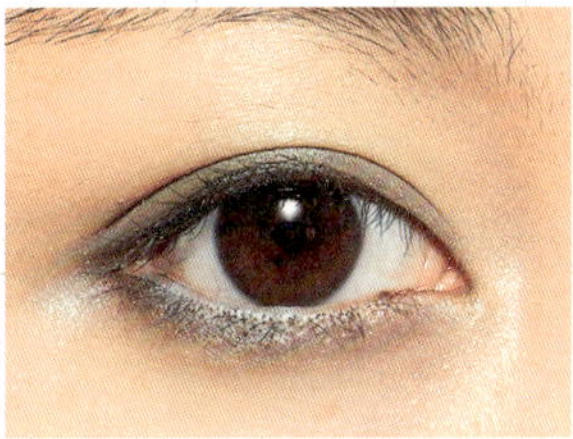

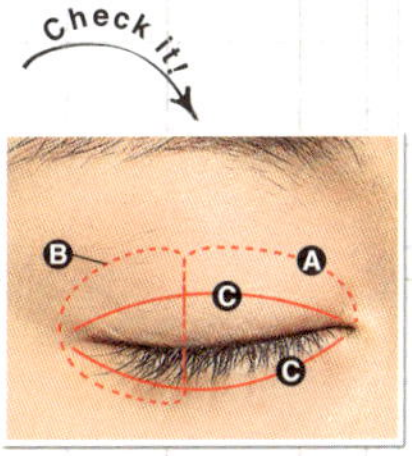

使い回し 2 派手にならないブルーの囲み目はこんな感じ！

Ⓒをブラシで二重幅よりもちょっと狭い幅でのせます。下まぶたもキワにそってのせて囲み目風に。上まぶたの目頭から中央くらいまで、Ⓐをのせて明るさを出したら、目尻側は上下ともⒷをふわっと重ねて。最後に下目尻のインサイドにⒷをちょんちょんとのせて。

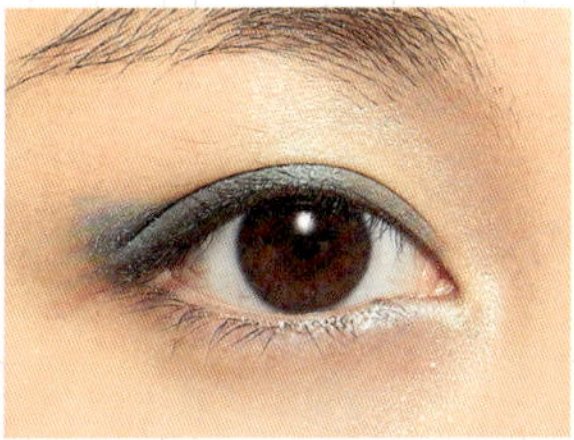

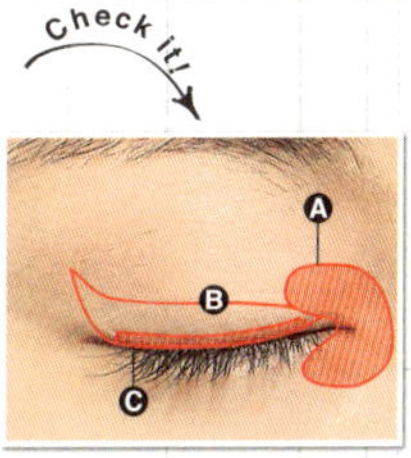

使い回し 3 中間色でハネを作ってちょい派手な目元に〜！

キレイ色を楽しむならこんなパターン！　Ⓑを上まぶたの二重幅に。目尻は斜め上にハネを作るように広げるのがポイント！　目頭の上下はⒶでくの字形に囲んで、上まぶたのキワにライン状ぐらい細くⒸを。かなり簡単なのに手がこんだメイクに見えます。

ブルーのようなグリーンのような色で、涼しげだったり、知的になったり……。資生堂 ルミナイジング サテンアイカラー トリオ GR412 ￥4000／資生堂インターナショナル

SHISEIDOの透明感ブルー

ブルーといえども、グリーンのニュアンスも併せ持つ３色セット。構えることなく、色どうしを重ねたり、シャドウラインにしてみたり、気軽に使ってみましょう。

第四章

新木優子が着こなす
コンサバ名品アイテム×メイキャップ。

この章では、スタイリスト・程野祐子さんがコンサバスタイルにおけるマスターピース(最高傑作)と認める名品と、それに合わせたイガリ化粧を提案。新木優子さんが演じる、永遠に色あせない憧れの女性像は、大人として、移ろいやすい流行よりも大事にしていきたい。

Color Knit

ジョン スメドレーのブルーニット

美しいニットの定番といえば、ジョン スメドレー。ファインゲージニットウェアを
リードするブランドとして世界中に知られる。現在も家族によって経営されており、
手作業による仕上げ技術から美しく着心地のいいニットの名品を生み出している。
「ジャケットにもスカートにも、デニムにも合うし、黒とかシックな色より、合わせるアイテムの
イメージに近寄る柔軟性があるから、カジュアルにもエレガントにも着こなせる。
そんな融通のきくところが、流行を超えて支持される所以」

イガリ化粧 「ブルーのような寒色は、色の引っ張り合いで肌の黄みを引っ込ませてくれるので、欧米人みたいな肌色に見せたい人におすすめ！」

キレイ色のニットには、色ではなく
引き締めバランスで魅せるメイク

カラーニット × アイライン

「ニットに存在感があるから、どこかに意志的なポイントが必要ということろで、主役はアイライン。ただ、黒だけだと引き締まりすぎるので、ブラウンと黒を2色使い。先に引くのはブラウン。基本的に目元をくぼませず、前にでてきてくれるブラウンで一回盛り上げたところに黒を加えると、くっとほどよく引き締まり、目元に立体感がでるし、顔に丁寧さも生まれます」

黒ラインはまつ毛のキワ
沿いに。目尻はちょいハネ

use this

a ブラウンは目頭を外した、まつ毛キワに。ルナソル インテレクチュアルリクイドアイライナーN 03 ￥3000／カネボウ化粧品

b ツヤ漆黒。資生堂 オートマティック ファイン アイライナー BK901 ￥3000／資生堂インターナショナル

こちらもおすすめ

a ブレなく描ける、筆が秀逸。ディオール ライナー 798 ￥4000／パルファン・クリスチャン・ディオール

b 濃密な黒。乾くとフィルム状になり水・汗を弾いて、ヨレずににじまず。カリグラフィック アイライナー N ブラック ￥3600／シュウ ウエムラ

滴のようなツヤを盛って膨らむ唇で、
花束を抱く自分の気分をアップ

ブーケ × うるリップ

「花束を贈られる女性でも贈る女性でもありたいし、時々は家に買って帰れるテンションの女性でもありたいという想いから、花束を持っているときの自分をもっと気分アップできる、唇を合わせました。色攻めにはしたくないので、唇はツヤ重視。花のみずみずしさが移ったみたいな滴っぽい厚みがでるグロスを、ぽんぽんと盛るように塗って作るうる唇は、世代を超えて好まれるコンサバのように、何歳になってもできるワザじゃないかな」

use this

唇を膨らませるためにグロスは
ぽんぽん置くようにのせる

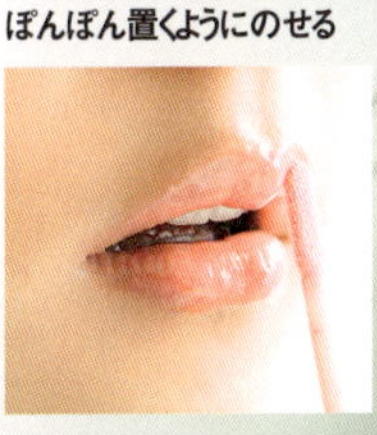

ほんのりきらめくラメが滴のようなツヤめきを添える、淡いピンク。キッカ メスメリック グロスオン 02 ￥2800／カネボウ化粧品

こちらもおすすめ

ぷるんとした弾力感のあるジェルテクスチャーで、肉厚うるリップが簡単に完成するコーラルピンク。リップジェリーグロス 07 ￥2200／RMK Division

ブルーニット￥30000／リーミルズ エージェンシー(ジョン スメドレー)

イガリ化粧

「目尻はだんだん下がってくるから、アイラインを描くときは筋肉に沿わせすぎないで。目尻ぎりぎりから"アッ!"と驚いた感じでハネてみて♡」

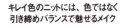

Denim Pants

Levi's 505のデニム

1960年代後半、音楽や映画、その他のカウンターカルチャーのシンボルとして生まれた505™。
その歴史を受け継ぎながら、現代的なスリムストレートフィットにアップデートしたのがこのデニム。
「名作って、時代が変わっても色あせないですよね。この505のように今風にアレンジ
されていても、フォルムに一流のこだわりが光る。そんなデニムが似合う女性に、私もなりたい」

Pearl Necklace

TASAKIのパールネックレス

日本人なら誰もが知る真珠ブランド「TASAKI」のシンプルな一連ネックレスは
フォーマルにもカジュアルにも使え、大人として一つはもっておきたい、普遍性のあるアイテム。
「清楚だけど、高貴。輝きは控えめだけど存在感があって、カジュアルなファッションのときも、
パール一つできちっとできる。やっぱり替えのきかない特別なジュエリーだよね」

「デニムは、カジュアル服の中でもいちばんオールマイティ。上だけ替えれば、デニム一本で旅行だってできるでしょ。そういうおしゃれさんは最高級！」

不変のカジュアルアイコンを
意志ある眉で最高級にはきこなす

デニム × クッキリ眉

「目指したのは、カッコよさがでるデニムをはいている人の中で、いちばんカッコイイ女性。それっておしゃれさをわざわざ入れるのではなく、ヘルシーにさりげなく、さらっと着こなしてこそ漂うもの。そこに必要なのは色モノではなく〝毛モノ〟。しかも、まつ毛じゃなくて眉毛なんです。眉は意思表示できるパーツ。眉がしっかりしているとしっかりしている女性に見えるので、眉下をなぞってクッキリさせ、すごくお高い感じに仕上げます」

use this

毛穴をつなげるように眉下をなぞってきわ立たせる

血色をおさえたブラウン。眉本体を描いたのち、眉下に一線プラス。アイブロウ ライナー N 500 ¥2200／アナ スイ コスメティックス

こちらもおすすめ

りりしさがでるグレーは、目元がぼやけがちな人におすすめ。楕円芯で描きやすい。Wアイブロウ（ペンシル）01 ¥1500／RMK Division

落ち着いた口元で、大和撫子的
日本のコンサバティブを装う

パールネックレス × ベージュ茶リップ

「清楚なジュエリーは女性らしさを象徴するものだから、色っぽさのでる赤みメイクでこれみよがしにするのではなく、落ち着いた色合いで、しとやかな日本のコンサバっていう感じにまとめるほうがステキ。ポイントは、口元。はじめにベージュのリップを塗り、自分の唇の赤みをちょっと安定させてから、茶系のグロスを重ねづけしてぷっくり豊かな印象に。茶色のコーデなので、ちょっとチョコレートっぽい甘さがでてきて、大人の可愛さも誕生」

リップを塗った唇全体に
中央からグロスをプラス

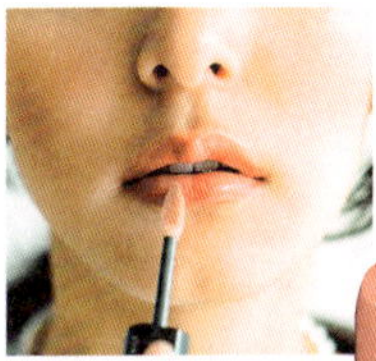

use this

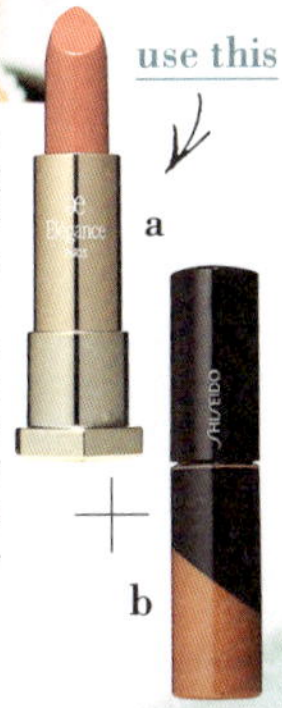

a なめらかに、唇に吸いつくように定着し、濃厚に発色するローズベージュ。ミシック ルージュ リュクス 08 ¥3800／エレガンス コスメティックス
b ラップを張ったようなつるんとした光沢感がでる茶。資生堂 ラッカーグロス BR301 ¥3000／資生堂インターナショナル

こちらもおすすめ

a 厚みのある膜を形成するリップは、ぷくっと感をきわ立たせたい人に最適。AQ MW ルージュ グロウ BR351 ¥3500／コスメデコルテ
b リップバームのような軽いタッチでなじむヌーディなブラウン。ピュア カラー エンヴィ グロス 03 ¥3300／エスティ ローダー

スウェットトップス¥12000／アクロス ザ ヴィンテージ 自由が丘店　デニムパンツ¥13000／リーバイ・ストラウス ジャパン（リーバイス®）　パールネックレス（タサキ）、シューズ／スタイリスト私物

「リップは〝一応、塗ってます〟っていうくらいの色合いだけど、ビターチョコなクールさもでて、デニムのカッコよさともちゃっかりリンクするんです」

Trench Coat

アクアスキュータムのベージュトレンチ

アクアスキュータム（Aquascutum）は、イギリス・ロンドンの中心地
リージェント通りに旗艦店を構える高級被服老舗ブランドで、
このブランドの代名詞ともいえるのがトレンチコート。
「トレンチは特別な日だけでなく、デイリーに着る服。
伝統あるブランドの価値、その品格や意志的なイメージが自分のものになるかのようで、
凛とした女の人になれる。だから定番として、永遠に愛されるんだよね」

イガリ化粧

「コンサバティブの解釈はいろいろあるけど、過剰なのは苦手。品よく可愛く、おしゃれに見せたいっていうこころざしは、みんな一緒だよね」

格式のあるトレンチにピンクの頬で、
道行く男性に振り返ってもらえる可愛さを

トレンチコート × 2層チーク

「トレンチコートで颯爽としている姿って、女の人からするとカッコいいイメージだけど、あえての男性目線で男の人が見たときの“可愛い”を重要視。だけど、コンサバティブなシャープさも欲しいからチークは2層に。最初に頬骨の角から黒目の真下あたりまでビーンズ形にピンクを。上に広範囲に薄~くかぶせるコーラル系は、さらに外側の位置から頬を囲むようになじませたら角に戻り、逆三角形になるようにかぶせていく」

頬骨の角から黒目の下に向けてピンクをふわり

逆三角形にコーラル系をかぶせてシャープな顔に

use this

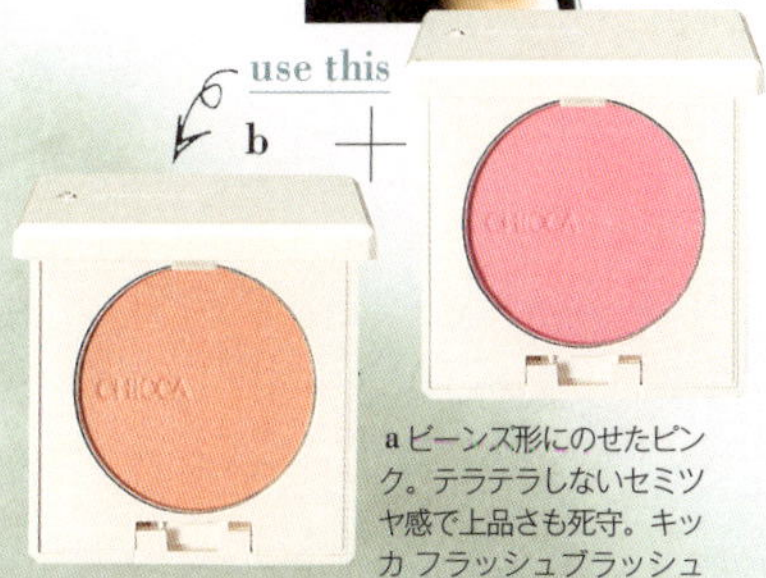

b ＋ a

a ビーンズ形にのせたピンク。テラテラしないセミツヤ感で上品さも死守。キッカ フラッシュブラッシュパウダー 07、**b** 広範囲にかぶせたコーラル系。パウダーファンデと同じ質感なので、重ねてもなじんで、肌からにじみでたような血色感が。同 03 各¥5000(ケース込み)／カネボウ化粧品

トレンチコート¥130000／レナウン プレスポート（アクアスキュータム） シルバーチェーンブレスレット¥32500／フレーク　スリップドレス、ストラップシューズ／スタイリスト私物

こちらもおすすめ

a ブライトな発色の右のピンクは、最初に狭い範囲に仕込むチークにぴったり。パウダー ブラッシュ 09 ¥3000／ポール & ジョー ボーテ　**b** かぶせるチークは、ピュアさがでる淡いピンクにする手も。ブラッシュ 4062 ¥3000／NARS JAPAN

b ＋ a

「男目線を重要視すると言っても、こびてるわけじゃない。女性として、女性であることを誇らしげに見せつけている系の可愛さを狙っているから素敵なんです」

White T-Shirt

PETIT BATEAUの白T

プチバトーは1893年に子どもの肌着メーカーとして誕生したフランスを代表するブランド。

新生児のアンダーウェアの発想から、常に着心地のよさを追求してきた。

タイムレスで普遍的な白いTシャツは、快適なコットン素材で瞬く間に人気アイテムに。

「ちょっとぴったりの厚手コットンは、体の引き締め感がでて生活スタイルまでキレイな人に
感じさせられる。永遠のおしゃれアイコン、'60年代のブリジット・バルドーの匂いもするしね」

Sunglasses

オリバーピープルズのサングラス

オリバーピープルズは1987年にＬＡにて創業されたアイウェアブランド。
完成度の高いフレームを製作するため、素材の吟味から繊細な彫刻、
仕上げまでの工程をすべて手作業で行っている。ベーシックなデザインが特徴。
「黒一色でちょっぴり大きめのサングラスは、ひとつあると遊べるド定番。
クラシックだけどモダンなデザインは、服のアクセントにもいいけど、
安心のつけ心地で、つけると"本物"のよさがわかるの」

イガリ化粧

「サングラスはきばった感じじゃなく、朝起きて、見た目が乱れているときにつけて引き締めるのが好き。それだけできちんと見えるんだよね」

コントラストがきわ立つ白Tだから
メイクは、アンチブラック

白T × ブラウンマスカラ

「ムダを削ぎ落とした白Tは、やりようによってはロックに見えるので、そうならないようメイクはモノクロにしないこと。黒いまつ毛をブラウンにして、自分と白Tの関係に温かみを足してあげる。マスカラを塗るときは、まつ毛の根元は外して黒を残し、外から見えないところでこっそり引き締め感を。一緒に黒い眉にもマスカラをプラスして色を揃えると、黒より淡いブラウンを使ってもインパクトがでて、自分自身の存在感が上がります」

Tシャツ¥2500／プチバトー・カスタマーセンター（プチバトー）　レザージャケット¥97000／アクロス ザ ヴィンテージ 自由が丘店　ショートパンツ¥6800／アンビエント　サングラス（オリバーピープルズ）、靴／スタイリスト私物

マスカラは、まつ毛の中間
から持ち上げるイメージで

マスカラをスクリュー
ブラシにとって眉をなでる

use this

温もり感がでる、若干赤みを帯びたブラウン。球状なので毛先も狙いやすい。フェノメン・アイズ No.2 ¥4900／パルファム ジバンシイ

「こちらもおすすめ」

細部にも入るスリム型で、上向きカールのボリュームまつ毛に。スペクタクル マスカラ BR 20 ¥4000／エレガンス コスメティックス

人との距離感を操る掛け合わせで
秘めたる感情をエレガントに昇華

サングラス × プラムリップ

「サングラスは人との距離感に薄く壁が作られるイメージだから、メイクでもそのニュアンスは生かしつつ、壁はあるけどノックはできるよ、くらいの距離感に。そこに、私のことちょっと気になっているでしょっ？て香りも入れたくて、男性を翻弄するような、女性の神髄的なドロドロした感情（笑）を、プラムピンクのリップでエレガントな方向に盛りました。丸を組み合わせるように指で打っていく〝ドットリップ〟で、可愛さもほんのり」

薬指を使って、唇中央から
輪郭へドットを打つように

use this

ピンクが強めのプラムを、指塗りでマットめの質感に。ミシック ルージュ リュクス 02 ¥3800／エレガンス コスメティックス

「こちらもおすすめ」

色っぽさも欲しいなら、ボルドーに近い、赤み優位なカラーをセレクトして。リップスティック 306 ¥3000／ポール & ジョー ボーテ

イガリ化粧　「眉メイクは、マスカラをつけたスクリューブラシで毛流れと逆行させたあと、毛流れどおりに軽くブラッシングして〝ぼっしゃー〟とさせちゃって」

Scarf

エルメスのヴィンテージスカーフ

エルメスの定番中の定番アイテムといえばスカーフ。
一枚一枚のスカーフには独自の物語が織り込まれており、
ヴィンテージという、時代や人の手を経てなお美しい逸品は、
それ自体がひとつの文学作品であるともいえる。
「王道の馬柄と、高級ブランドならではのハイクオリティの
ヴィンテージ感には歴史も入っているので、重みがある。
とくに淡い色合いは大人色が強いので、まとうだけで昔憧れた
大人コンサバの美しさを超えられるような嬉しさがあるんです」

イガリ化粧 「自分が一番目の新品もいいけど、時代を経てきたヴィンテージに、さらに自分で歴史を染み込ませていくのって、最高の贅沢だと思う」

時代を超えてそばにある
影にも光にもなるアイテムの連動

スカーフ × コントゥアリング

「してなくても成立するけど、つければステキさが増すスカーフと同じように、おまけアイテムだけど、主役にもなるのが骨格メイク。やってもやらなくてもいい＋αのメイク法なんだけど、やればやっただけ底力になるのがコントゥアリング特有の強みです。整った顔立ちのために影色を入れるのは4ヵ所。眉頭の下のくぼみと下まぶたのキワ、唇下の中央。光色は、上まぶたの真ん中に丸く。へこみが安定するからゴルゴラインにもプラスワン」

眉頭下のくぼみに入れる影色で目元くっきり、鼻が高く

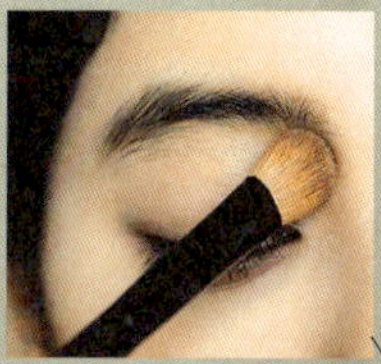

唇下の中央に影色で溝をつくると立体的な口元に

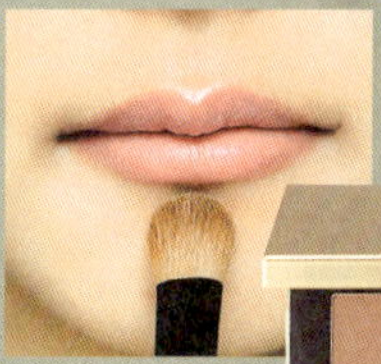

use this

透明度の高いパール配合で、生まれながらの骨格を超える立体感が。クチュール コントゥーリング 2 ¥7000／イヴ・サンローラン・ボーテ

こちらもおすすめ

日本人の肌に合うイエローみのある影色とハイライトの組み合わせ。スカルプティングキット 20 ¥5600／メイクアップフォーエバー

なめらかなテクスチャーで、肌になじみながら自然なメリハリをつくる名品。コントゥアーブラッシュ 5185 ¥4200／NARS JAPAN

トップス¥19000／フィルム（ソブ）　ピンクスカーフ ¥30000／キオ(エルメス)

「鼻先をきゅっとしたい人は、影色をもう1ヵ所。小鼻のくぼみに沿って薄くなじませると、丸みが引き締まって見えて、もっと美人になれちゃうの」

Tight Skirt

Calvin Kleinの黒タイトスカート

カルバン・クラインはＮＹ発の世界的ファッションブランド。
洋服作りにおいて「全てはカッティングから始まる」を哲学とし、
ボディラインを強調したシルエットを得意としている。
「女性の、女性らしさの部分を形にしているのがコンサバティブ。
そのもっとも象徴的な服であるタイトスカートは、
日常的に身に着けているうちに筋肉の使い方が変わって、
おのずと美しいたたずまいが完成されていく、全女性の武器！」

イガリ化粧

「タイトなものって、着るとしゃんとするでしょ。きちんと引き締まったものを作りあげていくようなその感じが心地いいんです。ボディにも、表情にもね」

美しい仕草をしつける束縛感をまとって
狙うは、女性にあるべき母性感

タイトスカート × 朱赤リップ

「体のラインが出るからこそタイトスカートをデイリーにはいて、束縛感があっても自由に動けるような仕草を身につけてほしいなっていうところから発想した。メイクのテーマは母性感。彼のための自分、家族のための自分とかをミックスさせて、大切な人のためにきちんと装っているんだよっていうメッセージを込めたいから、唇にもきちんとしていないと乱れてしまう緊張感のある朱赤を。口角から内側に向けて塗り、口元を引き締めて」

リップをブラシにとって
上下の唇とも口角から中へ

ティッシュオフしたのち、
今度は口角を外して重ねて

use this

クリーミィな質感のリップで、唇にちょっとしたみずみずしさを加えてあげる。リュクス リップ カラー 29 ¥4200／ボビイ ブラウン

— こちらもオススメ —

澄んだ発色のノンパール処方。7種の保湿オイル配合で、唇に潤ったツヤ感が。エクストラ グロウ リップスティック 04 ¥4000／SUQQU

とろけるようになめらかな質感で、塗るだけで唇がふっくら。肌色も明るく映える。リップブロッサム 08 ¥2800／ジルスチュアート　ビューティ

黒タイトスカート¥23000／オンワード樫山 お客様相談室（カルバン・クライン プラティナム）ボーダートップス、イエローパンプス／スタイリスト私物

イガリ化粧

「リップは、〝なあなあ〟な色ではなく、パンチのある発色を選んで潔く！　それが、母性に意志の強さを宿す、流行っているからじゃないんだ的な、大人の赤の使い方」

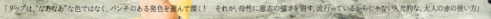

White Shirt

agnès b.の白シャツ

フレンチカジュアルを代表するパリのブランド。
流行にとらわれないシンプルで機能的なデザインが特徴。
「制服っぽさのある白シャツの、ほどよい正装感がずっと好き。
気持ちまでセミフォーマルになれるからしゃんとするし、
性格とかライフスタイルまできちんと整っている人に見える、
丁寧な自分を演出するのにもってこいなアイテム」

イガリ化粧 「白シャツにホリ深メイクでできあがる雑っぽさのない感じこそ、お高いホントのコンサバティブ。黒シャツでは成立しない〝きちんと可愛い〟感じにもなるの」

永久不滅のベーシックの美しさを
こっくりホリ深メイクで高める

白シャツ × アイシャドウパレット

「きちんとした感じに見える白シャツを着るときは、メイクもしっかりの王道パターンでのぞみたいから、濃いめの色で作るホリ深な目元を組み合わせて。スモーキーなシャドウをグレー、カーキの順にダークな色から重ねづけし、まぶたにぐっと深みをだすと、定番でありながらおしゃれな品物でもある白シャツの魅力とメイクがリンク。洗練さと、コンサバティブなイメージに不可欠な凛とした感じが増して、美人度が上がって見えます」

アイホールにグレーシャドウを。
指を使って定着をUP

涙袋の目尻側から徐々に
細くなるよう目頭までカーキを

use this

上まぶたに右上をなじませた後、左上を重ねづけ。下まぶたの涙袋には左の上下2色を混ぜて使用。4Dプラスアイパレット 02 ￥6200／THREE

白シャツ￥13000／アニエスベー　ハット￥37000／ミュラー オブ ヨシオクボ（ミュールバウアー フォー ミュラー）

こちらもおすすめ

クールニュアンスが加わるパレットは､しっとりなじむつけ心地。AQ MW グラデーション アイシャドウ 058 ￥5700／コスメデコルテ

女らしさが漂う優しい色合わせ。ピュア カラー エンヴィ アイシャドウ ファイブ カラー パレット 08 ￥6700／エスティ ローダー

イガリ化粧　「アイホール＝まぶたの頭蓋骨のくぼみにダークな色を先にのせると、まぶたがぐっと深くへこんで見えるので、明るいほうの色を重ねたときに自然なホリ感が」

イガリ歴

3 日本でヘアメイクとして始動！

ロンドンで遊学したあと、土日はブライダルの会社で
花嫁さんのヘアメイクのバイトなんかをしているうちに、
あっという間に3年たって。
ヘアメイクの仕事をもっときちんと勉強しようと思って、
初めてアシスタントにつくことに。
最初は弥生さん。次に小野明美さん。
お二人にはたくさん勉強させてもらったし、
本当に感謝しています。小野さんに1年ついた後で独立。
ビュートリアムのヘアメイクチームに所属することに。
独立して2ヵ月後くらいにチャンス到来。
しばらくは売れっ子モデルやミュージシャンのヘアメイクが続いたな。
みんなスターで輝いていたし、本当にいっぱい刺激をもらった。
でも、それが何年か続いた後で、
ふと**〝もっと雑誌の仕事がしたい〟**と思ったんだよね。
だって私が考えたメイクをたくさんの読者が真似してくれて、
しかも可愛くなる。すごいことだな、と。
編集部の人たちと仕事をするようにしたら、
2015年にイガリメイクとみんなが呼んでくれて広がって、
VOCEで「アラサーイガリメイク」を
やらせてもらうことになったんだよね。
そして、今に至る。そんな感じです。

イガリ語録 バンタンデザイン研究所……ヘアメイク、ファッションなどデザイン系の専門学校。開校以来、多数の有名アーティストを輩出している。著者の出身校。

IGARI's History

本書をすみずみまで読めば読むほど感じる、イガリシノブの奥深さ。ここらで、そんなイガリシノブの歴史が知りたい～！　ということで、どんな子ども時代を過ごし、どういった経緯でヘアメイクアップアーティストになったのかを改めてインタビューしてみました。

1 幼少の頃はスポーツ少女

小学生の頃は、大きくて髪の短いコだった。
特におしゃれとか、可愛いとか、
そういう感じの女のコではなかったですね。
お母さんはちょっと個性的なおしゃれな人。
小学生の頃習っていたエレクトーンの発表会で、
ベレー帽にデニムのワイドパンツを選んでくれたんだけど、
あれ、当時ではものすごく画期的だったハズ（笑）。
お母さんの影響で、高校生になるとファッション大好きに
なったのかも。でも当時はスポーツが得意で、
小学校の時から結構本気でスイミングを習っていたし、
中一から始めた剣道では、結局**関東大会で優勝したんですよ。**
結構すごくない？(笑)。でも青春で多感なお年頃だしで(笑)、
高校に入ったらきっぱりやめちゃった。

2 専門学校↓ロンドンへの旅立ち

進路を決めなきゃいけない高三の夏休み。薬剤師になりたいなと
思ったりしたこともあったんだけど、選んだ専攻がまちがえて文系だった。
高二から『ジッパー』や『キューティ』の読モをしたりしていて、
古着とブランドファッションを組み合わせるのが大好きだったので、
友だちとバンタンデザイン研究所に見学に行ったの。
そうしたらヘアメイク科にカッコいい人がいて、入ることに決定！
ていうのは冗談で……(笑)。そのあとロンドンに遊学。
結局ロンドンには1年半いて、ヘアメイクの勉強しながら隙をみつけては、
バックパッカー的にヨーロッパをウロウロ旅してた。

イガリ語録　Zipper&CUTiE……主に'90年代、パンクやストリートのスタイルで一世を風靡した雑誌。後者は惜しまれつつも休刊したがそのマインドは今も著者の心に。(P091)

顔型別 トレンドのコントゥアーメイクで顔印象コントロール術

イガリ化粧で重要なハイライト。ハイライトで顔の立体感やツヤ感を引き出すのは定番のテクニックですが、最近はそこにシェーディング的な役割をするコントゥアーを足した〝コントゥアーメイク〞が定番化。陰影をつけるコスメを使いこなすのが、これからの常識！

コントゥアー（シェーディング）

ハイライト

— 丸顔 — / — 面長 — / — ベース型 —

素顔

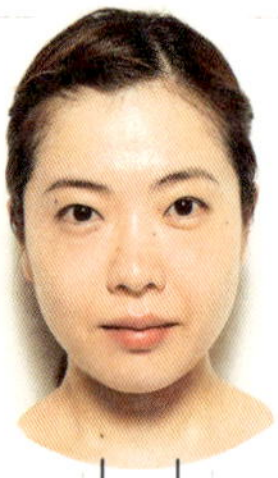
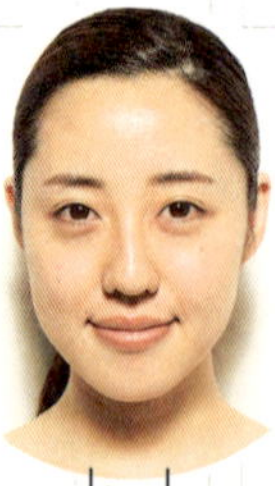

パターンA

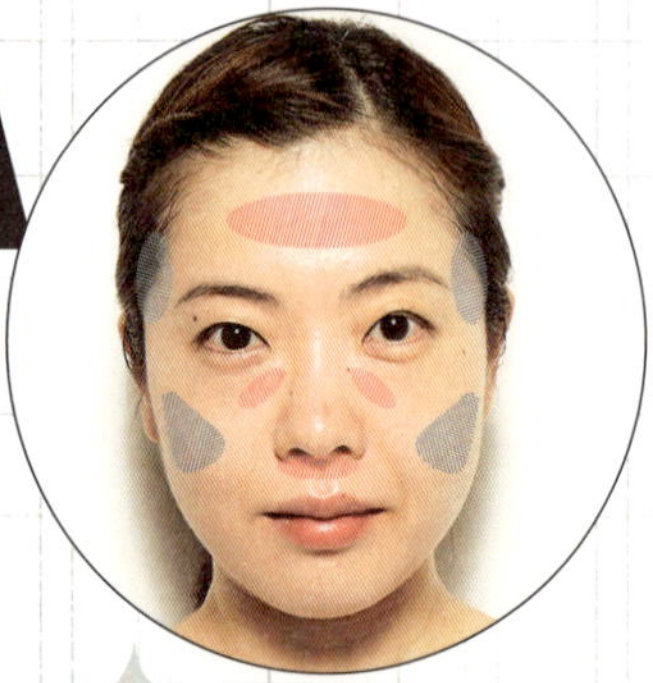

顔の丸みをコントゥアーで削り、ハイライトでパーツの丸みを少しだけ引き出します。コントゥアーを入れるのはこめかみと頬の下側。額と目の下、鼻下にハイライトを入れて、女性らしい丸みを大事に！

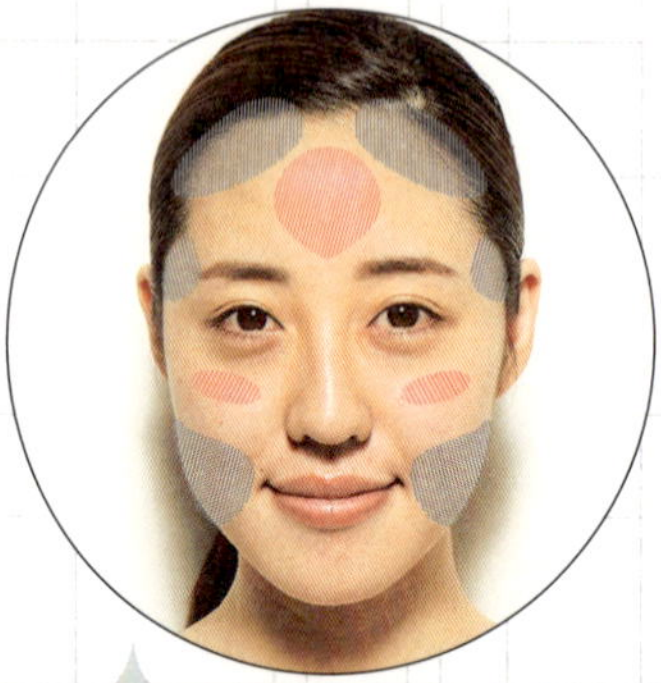

フェイスラインのバランスをコントロールすることで狙うのは大人っぽく美人な印象。ポイントは額の両サイドに影をつけること。全体をひし形に見せることで、ほっそりとした和風美人に見えてきます。

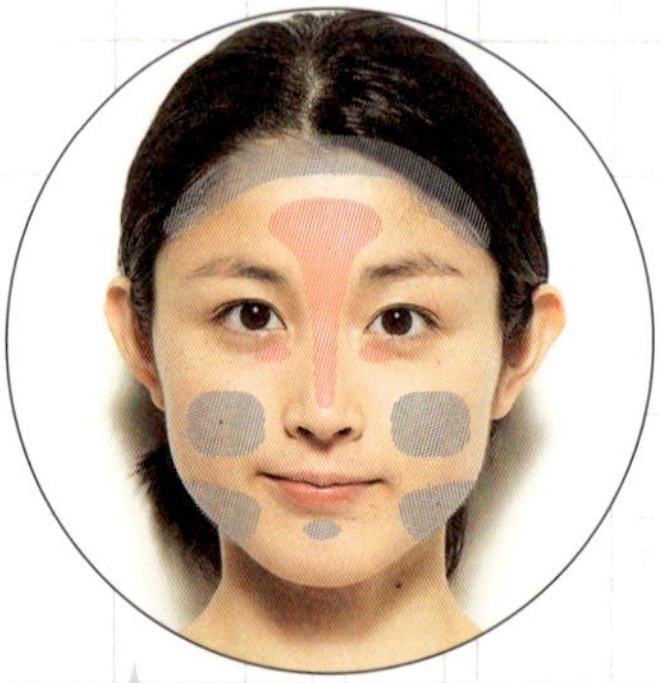

顔型を意識させないことが目的。フェイスラインは引き締めて、顔の中心だけハイライトで明るくして高いところの印象だけ残します。ベース型の場合エラのちょっと下側に影を入れると立体感がアップ！

パターンB

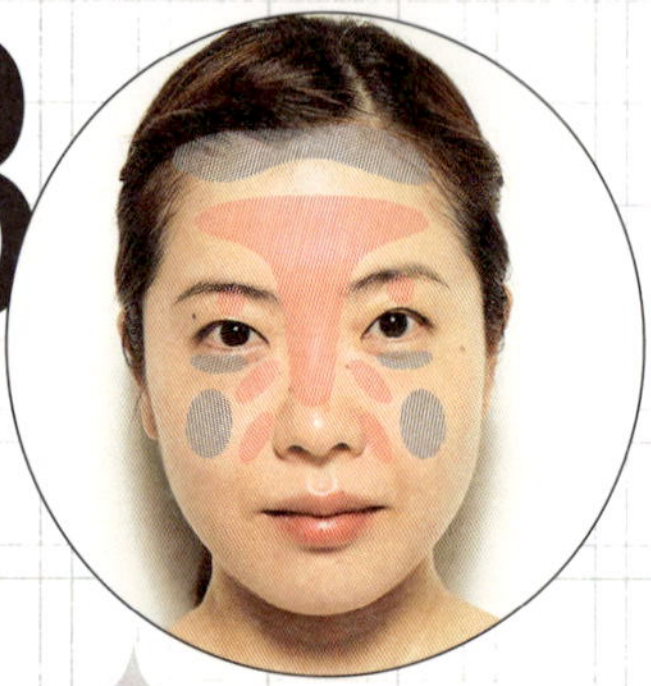

目の下や鼻横の凹んでいる部分にハイライトを入れて、全体的にパンとハリのある印象を作ります。反対に、頬の高いところは影をつけて前に出すぎないように調整を。立体感の足し引きで大人っぽく！

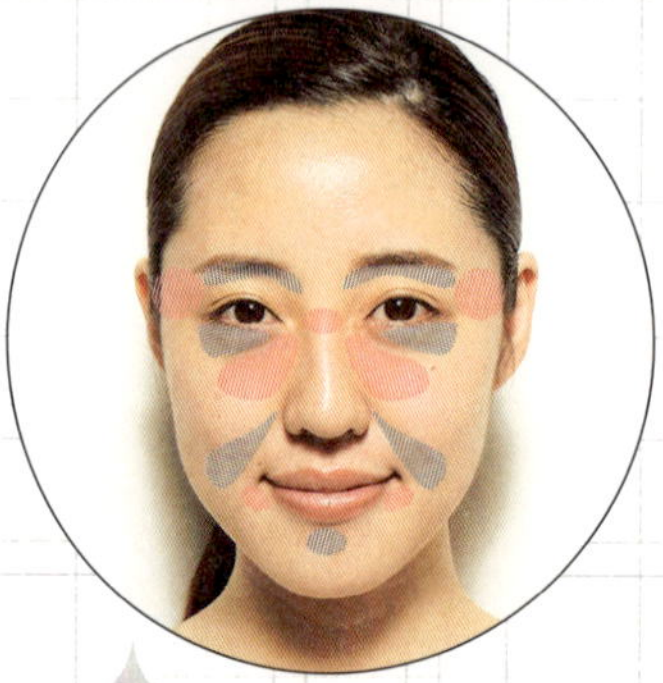

顔の縦幅を短く見せたいとき、陰影は顔の中心部に集中！　眉下や目尻下まで影っぽさを作ることで彫り深印象を引き出します。パンとしたハリ感がほしい目尻や口角にハイライトを入れると老け見えなし。

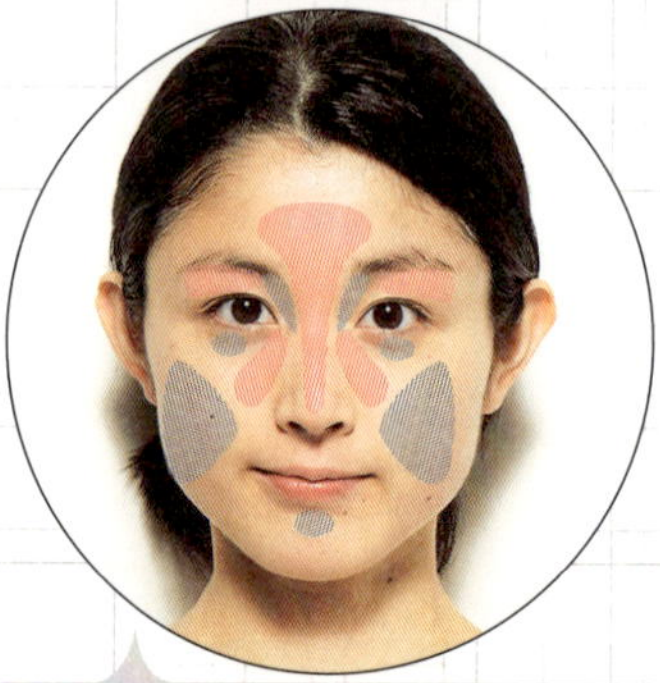

目の周りのメリハリ感を重点的に。主役はハイライトで作る高さとハリ感なので、コントゥアーはハイライトの効果を一層引き出すためのサポート役。頬全体と凹んで見せたいところに限定してオン。

パターンA　フェイスラインからコントゥアー

顔全体の骨格感を引き出したいときは、フェイスラインから。顔の中で、膨張して見える部分や、いらない丸みをそぎ落としていくようなイメージです。メイク感が増して見えるので、きちんとしたコンサバメイクをしたいときに取り入れるのがおすすめ。

パターンB　パーツからコントゥアー

今っぽいメイクをするなら、顔の中心だけパズルのように陰影を。パーツに凹凸をつける盛り上げ術です。トレンド感を出せるし、パーツのメリハリ感が増すので小顔効果もあり！　ポイントメイクはあっさりでも、おしゃれっぽい雰囲気も出てきます。

協力店リスト

earth music & ecology red store 新宿	03・3349・5676
アーバンリサーチ 渋谷ヒカリエ シンクス店	03・6434・9940
RMK Division	0120・988271
アクロスザヴィンテージ 自由が丘店	03・6421・4521
アナ スイ コスメティックス	0120・735559
アニエスベー	03・6229・5800
アルファネット	03・6427・8177
アンビエント	03・5772・6470
イー・エフ・インターナショナル	03・5775・3288
イヴ・サンローラン・ボーテ	03・6911・8563
イソップ・ジャパン	03・6434・7737
井田ラボラトリーズ	0120・441184
イプサ	0120・523543
インターナショナルコスメティクス	03・5833・7022
恵川商事	052・721・7578
SSI	03・5458・8182
SK-II	0120・021325
エスティ ローダー	03・5251・3386
エチュードハウス	0120・964968
エッフェオーガニック	03・5774・5565
エテュセ	0120・074316
エム・アール・アイ	03・6419・7368
MiMC	03・6421・4211
エレガンス コスメティックス	0120・766995
オンワード樫山 お客様相談室	03・5476・5811
カイタック インターナショナル	03・5722・3684
カネボウ化粧品	0120・518520
キオ	03・5420・0080
ゲラン	0120・140677
コージー本舗	03・3842・0226
コーセー	0120・526311
ココシュニック	03・3497・1309
コスメデコルテ	0120・763325
ザ デイズ トウキョウ 渋谷店	03・3477・5705
サンタ・マリア・ノヴェッラ銀座	03・3572・2694
サンポークリエイト	082・243・4070
シアン PR	03・6662・5525
資生堂／資生堂インターナショナル お問い合わせ先	0120・304710
シャンティ	0120・561114
シュウ ウエムラ	03・6911・8560
ジルスチュアート　ビューティ	0120・878652
スタイラ	0120・207217
SUQQU	0120・988761
スナイデル ルミネ新宿2店	03・3345・5357
THREE	0120・898003
ダイアナ 銀座本店	03・3573・4005
ツヴィリング J.A. ヘンケルス ジャパン	0120・757155
DRWCYS	03・3470・6511
ドロワット・ロートレアモン	03・5360・2231
NARS JAPAN	0120・356686
ナチュラビュリファイ研究所	0120・245524
ネイチャーズウェイ	0120・060802
パルファム ジバンシイ（LVMHフレグランスブランズ）	03・3264・3941
パルファン・クリスチャン・ディオール	03・3239・0618
フィッツコーポレーション	03・6892・1332
フィルム	03・5413・4141
プチバトー・カスタマーセンター	0120・190770
フラッパーズ	03・5456・6866
フレーク	03・5833・0013
ポール & ジョー ボーテ	0120・766996
ボビイ ブラウン	03・5251・3485
マイストラーダ	03・6894・8612
M・A・C（メイクアップ アート コスメティックス）	03・5251・3541
ミディ 広尾店	03・5420・1078
ミュラーオブ ヨシオクボ	03・3794・4037
メイクアップフォーエバー	03・3263・8288
メイベリン ニューヨーク お客様相談室	03・6911・8585
モロコバー 六本木ヒルズ店	03・3470・1065
MONDO-artist	03・6452・3090
ランコム	03・6911・8151
リーバイ・ストラウス ジャパン	0120・099501
リーミルズ エージェンシー	03・3473・7007
Lily Brown	03・6457・8555
ルージュ・ヴィフ ラクレ新宿ルミネ店	03・5908・2340
RED	03・6421・4323
レナウン プレスポート	03・5468・5641
ロート製薬お客さま安心サポートデスク	06・6758・1272
ロレアル パリ	03・6911・8483

読者の方がページをめくりながら、
ただ読むだけでなく想いを巡らせてくださり、
読み終わって本を閉じる時に
満足感と心地いい疲労感で思わずため息のでるような一冊にしたい。

何度も何度も繰り返し見て、メイク道具で汚したりもしながら
本と突き合わせて自分のお顔を楽しめて……。
情報が詰まっている世の中の雑誌とも合わせて読めて、
ページを進んだり戻ったりしながら、メイクの参考になる、
特別な一冊になるといいな……。

「イガリ化粧」では、私が提案しているものに合わせて、
読者の方が自分の提案も織り交ぜられるように、試行錯誤しました。
例えば、「私はこんな日にこのメイクしたいな」といったように、
この本に書いてある提案とは正反対の考えでもいいなと思ってます。

私たちの生活に寄り添ってくれる手帖のように、
それぞれの手で書き込んで、この本を作り上げていただきたいです。

「あ！ この技忘れてた！」とか、
「これ、私に使える！」とか……。
たまには「これは友達に勧めよう」……でも（笑）。

そして、今回大人のコンサバメイクというテーマに合わせて、
日本の伝統的な色や、私のインスピレーションのもとである
映画の一部も掲載しています。

情報が溢れている今の時代、
人生まだまだ時間はあるし（大げさな言い方ですが）、
色んなことを経験してほしい。
日々の楽しみ方にも多くの可能性があると思うので、
ぜひ挑戦していきましょう。

だから、ヘアメイクも、ワンパターンで満足せず、
出来るだけ多くのパターンにチャレンジです！

〝人生濃く楽しめば、きっと笑顔に出会える♡〟

なんて、私も日々思いながら、一生懸命生きています。

せっかくこの世に生まれてきて、与えられた人生、
与えられた自分の顔があるわけですし、
嫌なことや嫌な部分があっても、
少しだけプラスに考えて、楽しんでみてください♡

よし、明日から本気出すぞ！

イガリシノブ

この本を作るにあたって考えたこと。

——あとがきにかえて

イガリ化粧 をつくった人々

IGARI's DATA…

hair&make-up. イガリシノブ / BEAUTRIUM

profile.

ヘアメイクアップアーティスト。多くの女性誌で活躍し、常に独自の新しい目線でさまざまなメイクを提案。ほかにも、セミナーの講師やウェディング分野で幅広く活動している。『VOCE』では、アラサー向けのイガリメイク企画などで人気沸騰中。

instagram. shinobuigari

photographs.	菊地泰久/vale.(cover、P1、4~45、94~95)、三瓶康友(P74~89)、 押尾健太郎(P46)、伊藤泰寛(P50~68、72~73、92、still)
model.	森絵梨佳(cover、P1、4~5、27、94~95)、泉里香(P6~21、46)、新木優子(P74~89)、山田愛奈(P22~25、30~45) Garu chan、水谷真依子、八木夏穂、垰智子(以上VOCEST!)、植村友美、河津美咲、吉村有理江
stylist.	程野祐子(P22~25、30~46、74~89)、川崎香織(cover、P1、4~5、27、94~95)、今村仁美/io(P6~21)
illustration.	machi material_2014(第五章)、おおやまゆりこ acloudydream(第一章)
hair.	出澤美香/BEAUTRIUM(cover、P1、4~5、27、94~95)
hair&make-up assistant	小川千波、徳永舞
management.	石井緑/BEAUTRIUM
Special thanks.	家族
design.	佐藤麻奈、青木省吾、上杉勇樹、鈴木真利、志賀祐子、今川柚子、縣沙紀 /ma-hgra
text.	永田みゆき(P2~45、90~91)、橋本日登美(P76~89)、丸岡彩子(P51~67、72~73、92、97~111)、与儀昇平(P46~47)
contribute.	鬼木朋子/VOCE
edit.	松尾友妃、藤平奈那子、与儀昇平/VOCE

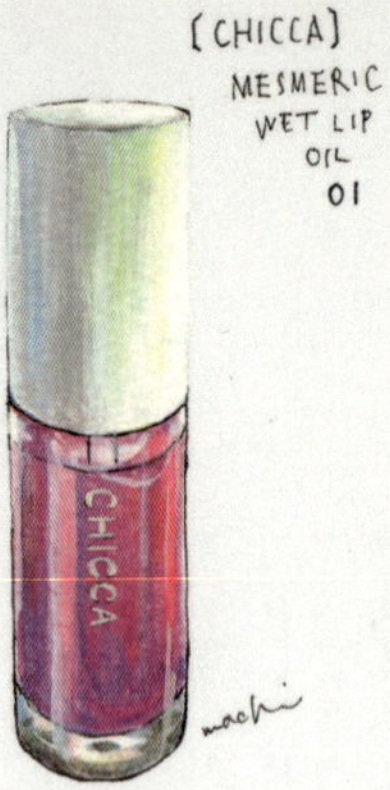

第五章

イガリシノブに なんでもQ&A

誰も思いつかないようなカラーの組み合わせや、あっと驚くメイク法。次から次へとアイディアが飛び出すイガリシノブが、メイクのお悩みからライフスタイルまで、みんなの素朴な疑問に答えます。かゆいところに手が届くQ&A、はじまります。

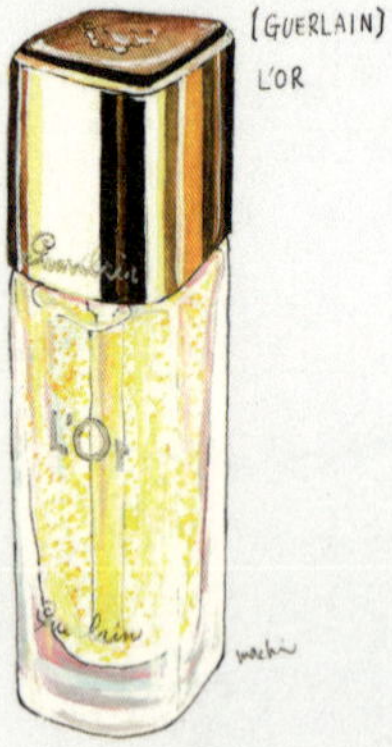

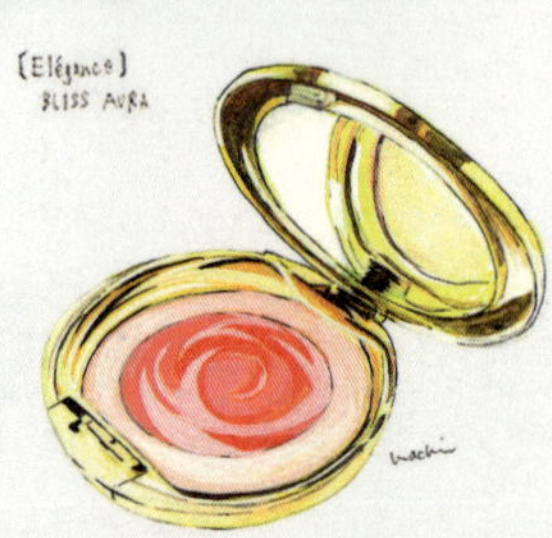

イガリ化粧《けしょう》
～大人《おとな》のためのメイク手帖《てちょう》～

2016年10月1日　第1刷発行
著者 イガリシノブ

発行者　鈴木 哲
発行所　株式会社 講談社
〒112-8001　東京都文京区音羽2-12-21
印刷所・製本所　大日本印刷株式会社

この本についてのお問い合わせ先
編集:03・5395・3469　販売:03・5395・3606　業務:03・5395・3615

定価はカバーに表示してあります。

落丁本・乱丁本は購入書店名を明記のうえ、小社業務宛にお送りください。
送料小社負担にてお取り替えいたします。
なお、この本の内容に関するお問い合わせは、VOCE編集宛にお願いいたします。

Printed in Japan　ISBN978-4-06-220163-6

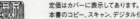

Q

私は金融という一番堅いといわれる業界で働いていますが、そんな中でイガリ化粧を取り入れるとしたら、どこをどうすればいいいですか？

A

やっぱりリップじゃない!? あとはボサ眉。

本当は、全部！　と言いたいけれど、そうもいかないですよね〜、とくに堅いお仕事だと。肌をキレイに整えておくことは、働くためのメイクとしては当然かなと思いますが、チークで遊ぶのはキケン。チークって、カジュアルだったり、色っぽかったり、イメージが変わりやすいパーツ。堅い職場ならなおさらチークは大人しく。お仕事中のメイクで今っぽさを出すなら、眉とリップしかない！　ポイントは、少し茶色が入った色みを選ぶこと。眉とリップでイガリ的テクを取り入れて、テンション上げて仕事に行ってらっしゃい〜★

A

色は赤茶が正解。

リップで今っぽさを出すためには、色の選び方が大事です。具体的には赤茶。赤なんだけど、ベージュやブラウンといった茶系の色を感じさせるもの。光があたると赤みが差すぐらいの色なら、知的なムードもバッチリです。

【コンサバにぴったりの赤茶リップ】

顔色も明るく演出する華やぎリップ。ポール & ジョー リップスティック 205 ¥3000（セット価格）／ポール & ジョー ボーテ

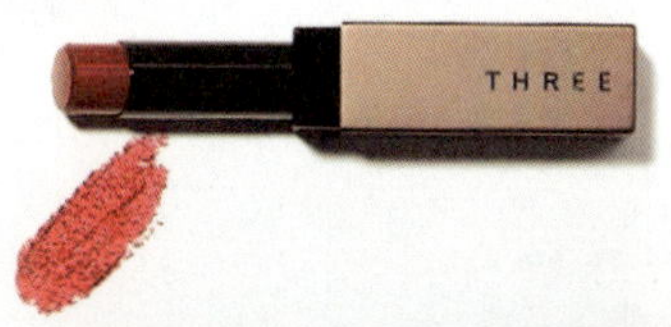

スッと唇になじみ、ひと塗りで鮮やかに発色。マットな質感でこなれ顔に。ベルベットラスト リップスティック 21 ¥3500／THREE

つややかな発色となめらかな質感はやみつきになること間違いなし。ルージュルージュ RD715 ¥3600／資生堂インターナショナル

大人のツヤ唇にはこちら。ルージュ ピュール クチュール ヴェルニ ヴィニルクリーム 407 ¥4100／イヴ・サンローラン・ボーテ

【コレだけで変われるボサ眉】

眉はお仕事で許される範囲で、ちょっとだけボサっと。第二章の詳細プロセスにあるように、眉にもマスカラを塗って、強さを出すだけ！　すごく簡単だけど今っぽさが引き出されます。

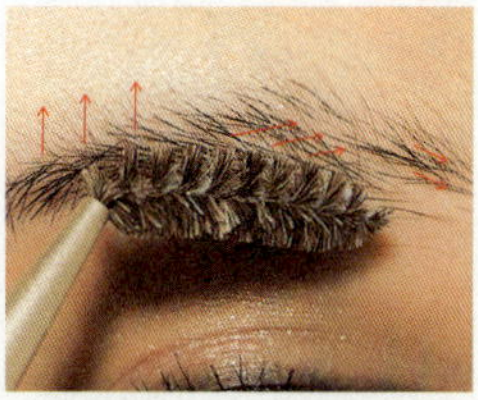

パウダーで眉を描いた後、まつ毛につけたマスカラを眉におすそわけするテク。詳しくは、P041の詳細プロセスへ。

イガリ語録　最to the高……「最高」の最上級のこと。また、最&高の発展バージョン。実際に口に出すときはリズム感を高めて発声すると、より最高な気持ちに。

Q

大人コンサバ的、オフィスにおすすめのネイルはどういうものですか？

A

①グレイッシュトーンで、②彩度が低くて、③マットとか最高です。

ネイルはうっかりすると浮いちゃいますよね……。うーん、お仕事中でも悪目立ちしないで、かつ今っぽいおしゃれネイルにするなら、グレイッシュトーンのものを選んでみて。グレイッシュトーンのネイルは、濁ったような発色だから、肌となじんでオフィスでも浮かないはず。しかも彩度が低い＝暗めに見えるからシックな印象。明るめの色をつけたいときはマットトップコートを重ねてもいいかも。もうひとつ大事なのは、洋服の色との相性。洋服とネイルの色が相反していると、派手に見えちゃうので、そこだけ注意しましょう！

マットなトップコートはコレ

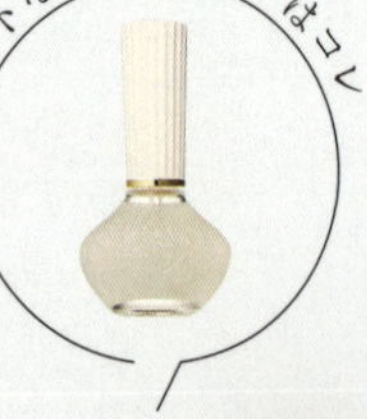

あえてのツヤ消しが派手さを封印する、まさにオフィス仕様。かつ今っぽい質感に。マット トップ コート ¥1600／ポール & ジョー ボーテ

【イガリさんのおすすめ彩度低めのコンサバネイル】

ブラウン寄りのエレガントなベージュが、手元の美しさを引きたてる。AQ MW ネイルエナメル BE345 ¥2000／コスメデコルテ

パープルの中に色っぽさがにじみ出る、THREEらしいスタイリッシュカラーをチョイス。ネイルポリッシュ 27 ¥1800／THREE

上品さが漂うくすみが効いたグレイッシュブルーで、繊細な手元に。ネイル ポリッシュ 13 ¥1600／ポール & ジョー ボーテ

パープルにグレーを混ぜ合わせたような、他にない絶妙な大人色。ネイルカラー A 702 ¥1200／アナ スイ コスメティックス

イガリ語録　メイキャップ……メイクのことだが、あえて略さずにメイキャップということで、古いものを大事にするコンサバなイガリ化粧の心得に近づく表現。

Q 人を不快にさせない香水と、そのつけ方は?

A 香りは奥に閉じ込めて。

- 髪の内側 ＝ 1プッシュ
- 財布の中 ＝ 布に含ませて
- バッグの中 ＝ 紙に含ませて
- スカートの中 ＝ 2プッシュ

香りは、ほんのり漂うところにつけるのが基本かな。たとえば、首すじにつけるのではなく、髪の内側やうなじにシュッ。スカートの内側につけておくと、動くたびにふわーっと香りが立ちます。物足りないかな、と思うくらいの香り方なら、まわりの人を不快にすることはないと思います。もっとほんのり香らせたいときはカラダじゃなくて、持ち物を香らせて。お財布の中やバッグの中に香りをつけた布や匂い紙を忍ばせておくだけでもOK。これだけでもちゃんと「その人の香り」だって印象はつけられます!

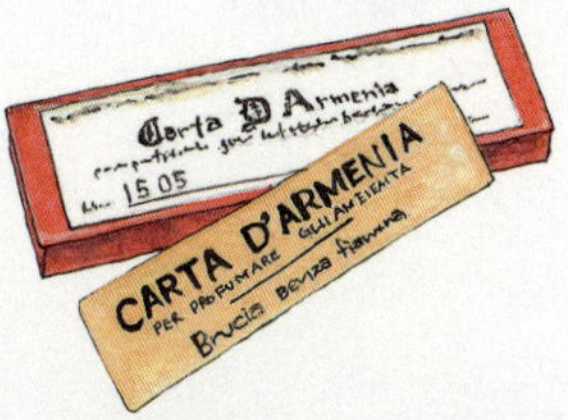

持ち歩き用ならアルメニアペーパーを

お財布やバッグに入れるならこちら。紙のお香と呼ばれるものらしいです。バッグを開くたびに幸せな気分に♪ アルメニアペーパー(18枚入り)¥3800／サンタ・マリア・ノヴェッラ銀座

イガリ語録　草間彌生塗り……著者が大好きな草間氏のドットにインスパイアされた塗り方。グロスなど、全体をドットのようにトントン塗る。べったりし過ぎない。(P045より)

Q

イガリさんのおすすめの入浴方法は？

A

肌カビ防止に全力注いでます！

入浴とはカラダをさっぱり清潔にすること、と思っています。入浴方法でおすすめなのは、カラダの2回洗い。実は、肌の表面には汗と混じって肌を荒らすカビがいるらしいんです。このカビはなかなか落ちにくいらしく、2回洗ってしっかり除去！　2回洗いをはじめてから、肌がスッキリするようになりました。乾燥しやすい人は様子を見つつですが、ボディがベタついたり、かゆくなりがちな人はお試しを。あとは、湯船にはったお湯を清潔にしておくことにも気をつけています。湯船のお湯が汚れていると、せっかく洗ったカラダがまた汚れることになるので。

【イガリ的おすすめ入浴グッズ】

泡石けん

泡で出てくる石けんもおすすめです

肌カビ対策でさっぱり洗いたいので、液状のソープだとちょっとベタついたりヌルついたり。泡で出てくる石けんタイプがおすすめです。香りも楽しめる♪　ジョンマスターオーガニック LGフォーミングハンド＆ボディウォッシュ 473㎖ ￥4000／スタイラ

固形石けん

ボディソープより断然石けん派

カラダを2回洗いをするときは固形石けんを使います。よ～く泡立てて、ボディタオルなどは使わずに、手のひらでやさしく洗います。オーガニックや自然派を愛用中。さっぱり感が好き！　ル・ベヌール ミニソープ 25g ￥600／イー・エフ・インターナショナル

湯アカとり

お湯の表面に漂う皮脂汚れを吸着

湯船には意外と、皮脂汚れが浮いているもの。キレイなお湯をキープするために、湯船に浮かべて皮脂を吸着してくれるグッズを愛用しています。結構、お気に入りなので、洗濯用のタイプも購入検討中です（笑）。アカバックン お風呂用 ￥1200／恵川商事

イガリ語録　肌カビ……皮膚炎の原因となる常在菌は汗により増殖するため、汗をかいたら清潔にしておくことが大事。(P108より)

Q

オフィスメイクで大事なイガリさん的崩れない&落ちないテクは？

A

鉄則は油分の差し込み方にあります。パーツ別に伝授しちゃいますよ〜。

【肌の崩れ防止法】

▼粉ON粉はNG！

崩れを防ぐいちばんの基本は、粉の上に粉をのせないこと。というのは、粉が肌にフィットしていないため時間が経つと崩れるからです。だからオイル分や水分で肌表面がペタペタしているところにサラッとした粉をのせるのが本当に大事！　これを徹底するだけでも、かなり崩れは防げると思います。あれこれ重ねすぎないのもポイントかな。

▼朝一の、手のアブラ。

朝のメイクで大事なのは「しっかりアブラをなじませること」！　これにつきます。スキンケアでも、ファンデーションでも、崩れやすい人はちゃんとなじませていないのでは？　手のひら全体を使って、すみずみまでしっかりなじませる基本テク（→第二章）をおさらいしましょう。崩れを防ぐには、朝一の手のアブラが勝負です！

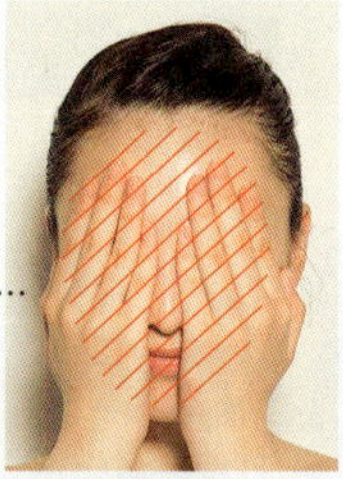

乳液をじわーっとなじませる！

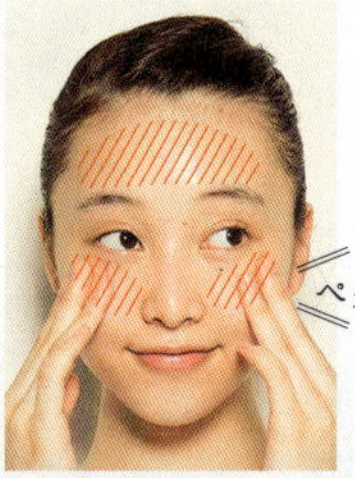

下地は指先でペタペタとフィット

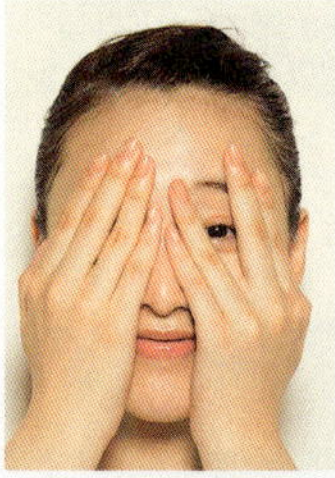

日焼け止めは薄く手のひらで塗る

ファンデを塗ったらおさえるべし

チーク&シャドウも指でおさえて！

ほうれい線のヨレも指で防止

イガリ語録　鏡餅グラデ……単純なグラデーションではなく、中央が盛り上がった綺麗な半円のグラデのこと。アイシャドウやチークに応用できる。（P072より）

（P072より）

【リップの崩れ防止法】

▼ケアとカラーの順番を逆に！

リップメイクが崩れるときは、唇が乾燥していることが多いもの。そこで、先にリップカラーで唇全体に色をのせておいて、その上からリップクリームを塗って保湿をする作戦がおすすめ。クリームがなじんだ後も、うるおいの下に色が定着して残っているので、少し崩れてもイメージが変わりにくいんです。

○

×

【目元の崩れ防止法】

目元は動きも多く崩れやすい部分ですが、案外メイク以前のスキンケアに崩れの原因が潜んでいます。オイルや乳液などの油分がまつ毛についていると、アイメイクがヨレたりにじんだり。崩れやすい部分はファンデーションを薄めに塗ったり、上まぶたには塗らない、くらいの気持ちでポイントメイク以前の油分オフを意識してみて！

うす〜く

【お直し作法】

朝の肌に比べてメイクがフィットしにくいので、ポイントを絞って行いましょう。強調すべきポイントは眉かリップ。目まわりは、最悪、にじんだところをオフするだけで、あえて復活させなくてもいいくらい。リップは朝使った色よりもちょっと濃いめの色を常備しておくと、メイク直し後でも顔全体が華やかに見せられると思います。

【そもそも論】

メイク崩れを、メイクテクだけが原因だと考える人が多いけれど、そもそも論としてカラダが冷えている人は、ベースメイクから崩れやすい、と指摘したいです。カラダの外側が熱く、内側が冷えている温度差も原因の一つ。普段から、温かい飲み物や食べ物を選ぶなど、カラダを冷やさないことを心がけるのも、立派なメイク崩れの対策法。

○

×

イガリ語録 セミツヤ……単純なツヤ肌でもなく、マット寄りのセミマットでもなく、ツヤすぎないツヤよりのマット肌。それをイガリ化粧的にセミツヤという。（P051より）

Q

脚がすっごくキレイですが、ボディケアでおすすめの方法はなにかありますか？

A

コスメやツールに頼る前に、「脚上げヨガ」がおすすめです！

実はこれといったボディケアはしておらず……。ただ、これだけは！ というメソッドが「脚上げヨガ」。脚だけは何とか自力でキレイにできるはず、と信じていて、脚上げをはじめてから、かれこれ25年ばかり経っています。やり方は簡単で、脚を壁につけて上げるだけ。むくみがとれるし、脚の状態を日々チェックできるのもいいところ。あとは脚を組まないことも大事。お金がかからないし特別なアイテムも必要なし。継続は力なりって、本当です。

足首を曲げ伸ばし
&脚全体を
さらに持ち上げて
揺らしてみる

脚を上げた状態で、まずは足首を曲げ伸ばし。無理はしないで、気持ちいい程度に。続いてさらにおしりを持ち上げて、足首から脚全体をぶるぶると揺するように動かして。脚のだるさもこれでスッキリ。この体勢でリラックスして、気がつくと寝ていることも（笑）。

壁を支えに
両脚を上げる
角度は45°～
90°ぐらい

むくみ対策も兼ねているので、夜に行うのがおすすめ。仰向けになって、脚をそろえて壁につけます。最初はキツいと思うので、腰の下にビーズクッションなんかを入れるといいかも。45°～90°くらいの角度になるように、う～んと脚を上げてキープします。

イガリ語録　アラサーイガリメイク……VOCE2015年12月号からスタートした、イガリシノブによるコンサバ風のメイク。読者人気投票1位常連の企画。

Q

肌悩み別、イガリ化粧的ケア方法を教えてください。

A 根本は、インナーケア！

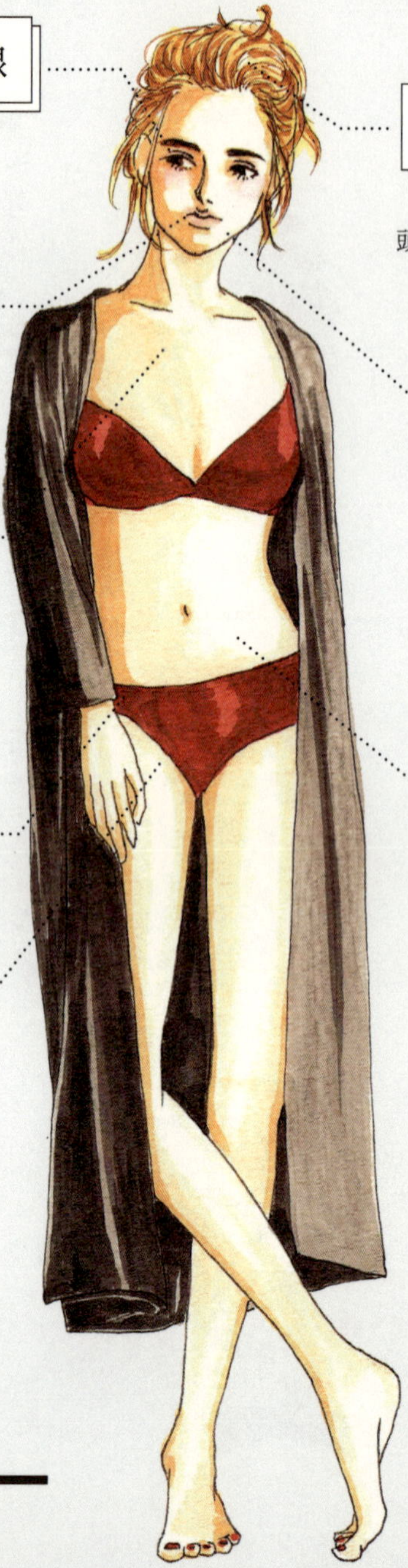

1. 毛穴
⇓
頭皮をマッサージ！

2. くすみ
⇓
腸をキレイに！

3. ニキビ
⇓
食生活と睡眠。

4. ほうれい線
⇓
睡眠！

5. 赤み
⇓
スキンケアコスメを継続使用！

6. 大顔
⇓
骨盤から始める！

7. たるみ
⇓
おしりをキュッと⁉

8. テカリ
⇓
油分の取りすぎ注意！

← 詳細は次頁へ —

メイク崩れの項でも触れましたが、カラダの外側からがんばる以前に、自分のことをよ〜く観察して、知るってことが先決。スキンケアだけで対処するんじゃなくて、根本のインナーケアを見つめ直すことも大人のやり方です。それと、お悩みをピンポイントで捉えて、そこだけケアするよりも、たとえば毛穴なら頭皮のコリをほぐすなど、違う場所をお手あてするのが解決につながることも。スキンケアでもインナーケアでも、与えすぎには注意。腹八分目じゃなく、何事も、腹七分目くらいで様子を見るのがいいあんばいです。

イガリ語録 バイキング塗り……イガリ流のチークの入れ方の一種。遊園地の乗り物「バイキング」よりインスパイアされた。扇形に下から煽るように塗る。

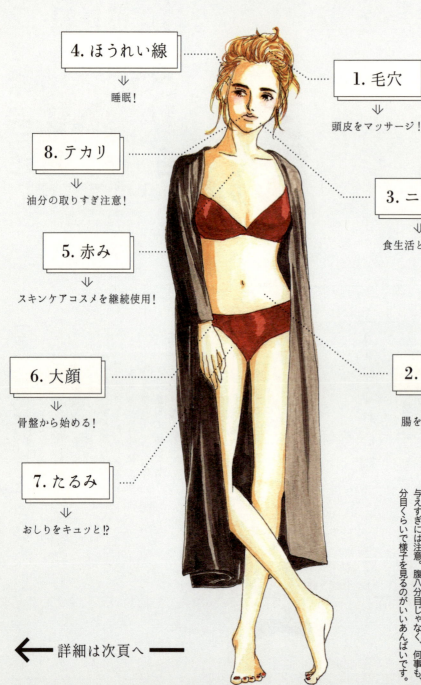

【1・毛穴】

毛穴対策は、まず汚れをきちっとクレンジングするのが大事。汚れが毛穴に残っていると、汚れの重みで毛穴が下がるので。もうひとつおすすめは頭皮マッサージ。顔を引き上げたいなら、頭皮からぐいっと全体的に引き上げるべし！　シャンプーの時に頭皮を引き上げるように洗ったり、定期的にヘッドマッサージを受けるのがおすすめです。

【2・くすみ】

肌がくすんで見える原因はいろいろありますが、インナーケアでは腸を意識。腸が健康だと、肌もツヤツヤ&生き生きとしてきます。食生活を見直したり、きちんと睡眠を取るなど生活面から見直してみて。スキンケアでは、うるおいをたっぷり与えることと、サンスクリーンを必ず塗ること。この2つが大事！

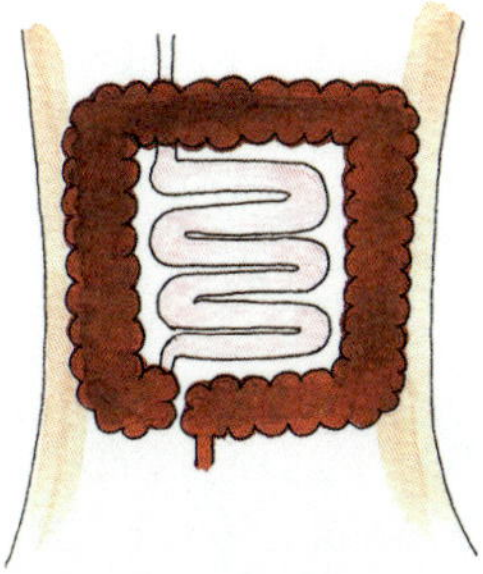

【MEMO】イガリさん所属のBEAUTRIUMのサロンにも頭皮ケアのメニューがあります。

【サロンデータ】BEAUTRIUM Aoyama St.
(ビュートリアム アオヤマ エスティ.)
東京都港区北青山3-3-11 ルネ青山2F
☎03-5775-2328
頭皮ヘッドスパ:6000円～(シャンプー・ブロー別)

【3・ニキビ】

大人のニキビは季節などの環境、普段の生活習慣、お仕事などのストレス……原因があれこれあるので、一概に解決策をおすすめできないところです。ただ、くすみと同じように、毎日の食生活を見直して、できるだけストレスを溜めず、睡眠をしっかり取れば、だんだん調子が良くなると思います。

【4・ほうれい線】

ほうれい線が目立つということは、顔全体が下がってきているってことですよね。だから、まずは睡眠をた～っぷり取ることが第一歩。きちんと睡眠を取っていると、ほうれい線はマシになる！　あとは、毛穴のところで紹介した、頭皮マッサージも有効。顔全体をぐいっと引き上げるのは、ほうれい線対策でも同じことです。

イガリ語録　鈴木蘭々の瞳……日本のタレント。名前の通りランランと輝いていた瞳が印象的。くりくりまん丸で少し古めかしくて、今改めて見ても可愛い。

【5・赤み】

赤み対策は、やりすぎ禁止。肌を刺激するとさらに赤みが出る可能性もあるし、最後はメイクで隠しましょう。見直すとしたら、今使っているスキンケアコスメが肌に合っているかどうか。赤みに限らず、肌悩みを解消したいからっていろんなアイテムに手を出すよりも、肌に合っているかどうか継続使用して判断することも大事。コスメとのつきあい方を見直すのも、大人のケアやメイクに必要です。

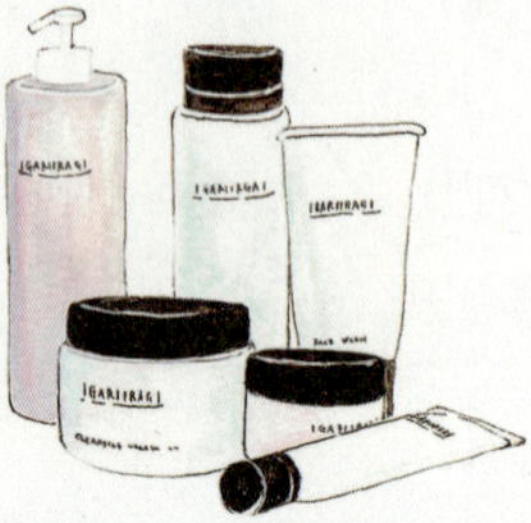

【6・大顔】

まずは……、疲れやストレスを溜め込まないこと!! 脳が疲れてくると、頭蓋骨が開いてきて顔が大きく見えるらしいです。頭蓋骨が開くということは、骨格全体にも影響が出てくるということ。反対に、骨盤が開いている人は、頭のハチが張っている傾向があるなとも思うので、コアを鍛えて骨盤をキュッと! おしりを締めてよい姿勢をキープしましょう。ピラティスもおすすめです!

←

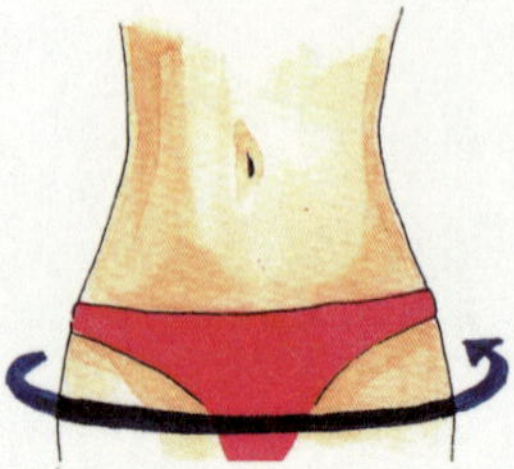

【7・たるみ】

たるみ、気になりますよね。これもおしりからのアプローチが重要かと(笑)。おしりのたるみと顔のたるみは相関関係にある気がするんです。疲れると顔だけじゃなくておしりもだら〜んとしてきちゃう。なので、意識しておしりをいつもキュッとさせて生活することが大事。そうすれば表情もキュッとなって、たるみ対策になります〜!

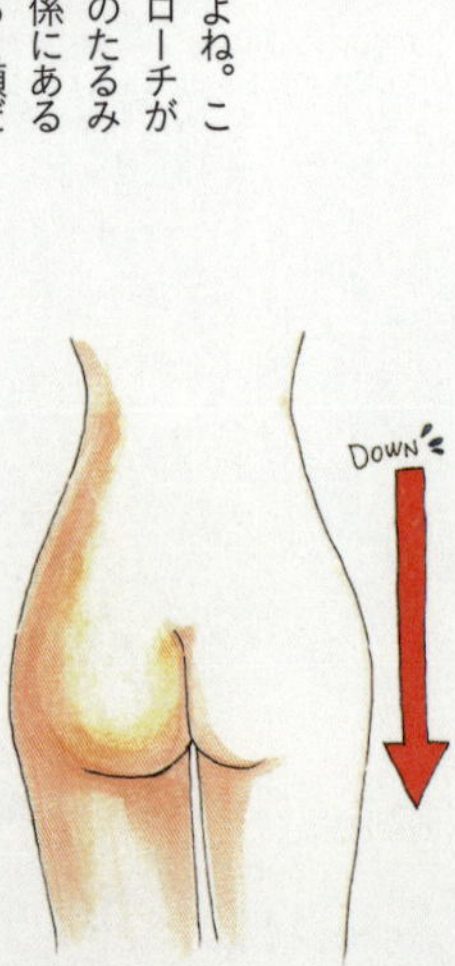

←

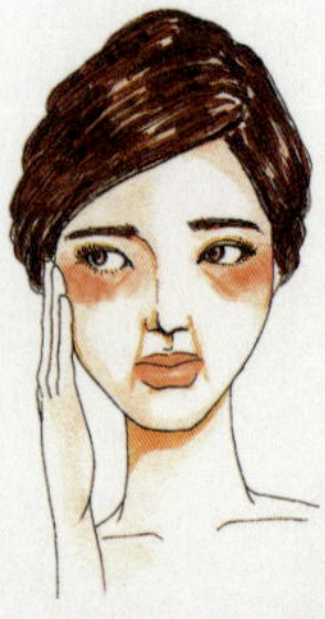

【8・テカリ】

大人になると皮脂量はだんだん減ってくることを考えると、テカリは結構、自分で招いているのかも。たとえば、油分が多いオイルやクリームの使用量が多いからテカることもあるし、逆に皮脂や水分が不足してテカることも。食べ物にかんしても、油分を取りすぎている人が多いような気がします。ガツガツしすぎず、70%くらいがちょうどいいあんばいなのでは?

イガリ語録 気分が上がる程度……「どれくらい塗ればいいのか?」という問いの答え。目安は気分がふわっと高揚する程度。そこまで塗って、そこで止めておいて。

Q

寝坊したときの最速時短メイクを教えてください。

A

OK〜！ 余裕だよ〜！

寝坊したときだけではなくて、時短で出かけたいときは「キレイに見せるためのポイント」を押さえるのが大事！ キレイのモトは、余裕を感じさせることと清潔感。一瞬でも清潔感と余裕が漂うポイントをチェックして★

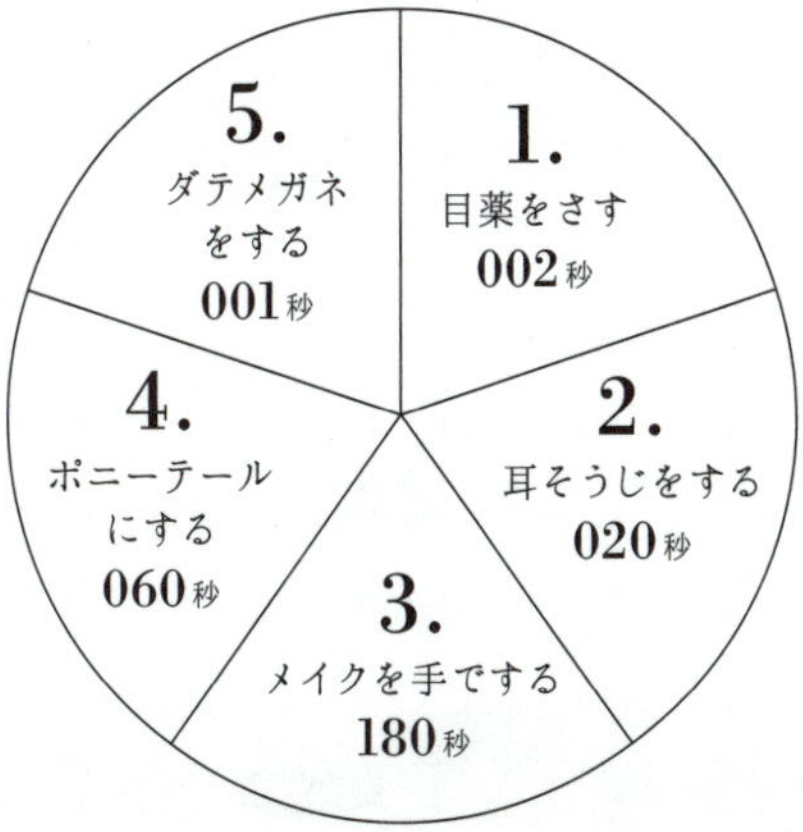

1. まずは目薬をさして白目をキレイに〜

最初に目の筋肉をほぐして充血をオフ！ 目が充血したままオフィスにたどり着いたら「あ、寝坊したな」とバレるので、キレイ度を急いで高めるためにもメイクの前に目薬を。充血により顔全体がくすんで見えることも防止できます。日中も充血していると肌がくすんだり疲れて見えるので、キレイに見せるためには目薬が必須ですよ〜！

イガリさん愛用
目薬はコレ

目の筋肉の疲れを
軽減させて
疲労した目に
働きかける目薬

寝起きに一滴で
白目がすっきり

コンタクトレンズを装着したまま使用できる。目をおだやかな状態に。ロートアイストレッチコンタクト 12mℓ ￥880／ロート製薬

イガリ語録 内田有紀のショート……こちらも'90年代のアイコン。ショートカットが本当に似合っていて。自分に似合うものを知るということの大事さを教えてくれる。

2.

耳の中をおそうじします（笑）。目がぱぁって大きくなります。

メイクの前にもう一つ。耳のおそうじをすると、しゃきっと目が覚めて、目がぱぁっと大きくなります！　といっても、焦っていたり慌てていると危ないので気をつけていただきたい。日中の眠気対策にも、耳のおそうじがおすすめ！　私はポーチに耳かきを入れて持ち歩いてます。

3.

メイクは手で。超時短。

スキンケアからメイクまで、すべてを手と指で行うと、ずいぶん時短になります。さらに、時間がないときにやることとやらないことをあらかじめ考えておけば、もっと時短に。ベースメイクと眉、アイシャドウをうっすらつける、ぐらいで十分キレイに見えるんです。

4.

重要なのは髪！

メイクで顔をどうこうするのも大事だけど、引きで見たときの清潔感やきちんと感を出すなら髪が重要！　時間がないときこそ、キュッと一本結びにしてキリッとした印象を出しましょう。毛先だけをパパッと巻いてから結ぶと、寝坊したなんて思われないはず！

5.

ダテメって使えるんですよ。

時短メイクの重要アイテムはダテメガネ。たとえほとんどすっぴんだったとしても、ダテメをかけて、血色感のあるリップクリームをさくっと塗るだけでキレイな印象が増します。ちょっとしたおしゃれ感をプラスしているという印象を与えられるのもいいところ。究極の時短メイクは、目薬&ダテメ、かも?!

イガリ語録　PUFFYの動き……'90年代に一世を風靡した2人組のデュオ、PUFFY。ゆるっとしたけだるさが特徴だったが、今にも通じるおしゃれさがある。

Q

最近気になる唇の縦ジワ……シワが消えるリップを知りたいです。

A

縦ジワってセクシー!!

【UVカット固形リップ】

唇って、縦ジワがあるほうが断然セクシー! フランスのマダムみたいに、セクシーさは唇のシワに宿ると思うんです。だから、あまり気にしなくてもいいし、無理に消そうとしないでほしい! ただ、唇が日焼けすると、乾燥したりくすんだりするからダメ。唇にぴたっとフィットして、UVをカットしてくれるリップクリームを使ってみるのがおすすめです。

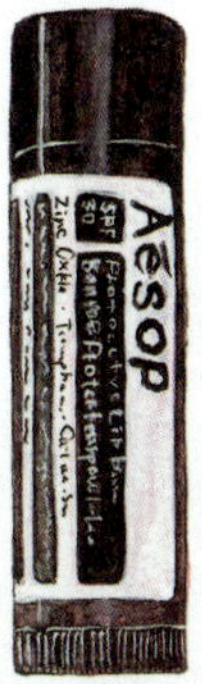

UVカット効果のあるリップクリームをつけて、さらに保湿系のものを重ねれば完璧。プロテクティブ リップバーム SPF30 ¥1900／イソップ・ジャパン

Q

アラサーの揺らぎ肌に使えるおすすめクレンジング&洗顔を教えてください。

A

摩擦はほんとNG! ミルク洗顔がおすすめ。

スキンケアの質問もたくさんいただくのだけれど「いいもの」を探す前に、まずは使い方! クレンジングと洗顔にかんして言えば、摩擦は絶対にダメ。揺らぎ肌を刺激することになるし、ゆくゆくはシワのもとに。私のおすすめはミルク洗顔。クレンジングも洗顔もできるタイプのミルクを顔全体になじませたら、手のひら全体でごくごく軽～くパッティングするようになじませると、肌を刺激せずにやさしく汚れをオフできますよ!

Dr.ハウシュカ クレンジングミルク 145㎖ ¥4200／インターナショナルコスメティックス

イガリ語録　素材の一致……同じパーツに似たようなテクスチャーのコスメを塗り合わせること。洗練された統一感が生まれ、化粧後の顔がまとまる。

Q

会社勤めでも日常的に取り入れやすい流行メイクを教えてください。

A

ツヤすぎとかNG。今っぽくしたいなら最旬のアイテムを新調するのはマスト。

会社勤めの人は、いたずらにトレンドメイクをするのは避けたいです。たとえばツヤ肌が今っぽくても、オフィスだとちょっと浮いちゃうと思うんです。肌はセミツヤがおすすめ。第三章の塗り比べを見てみて〜。そして今っぽいメイクをするなら、旬のコスメを使うこと。たとえば同じ赤リップでも、今シーズンの新色を使うだけでぐっと今っぽくなれます。つまり、時代には時代の色があるってこと。お気に入りのコスメを長く使うことは、もちろん素敵で尊いこと。だけど時代の気分をキャッチしないで、テクニックだけで今の顔になる、なんてことはないと思うんです。まずは流行アイテムに新調してみましょう。

Q

ちょっとしたパーティなんかでいつもと違う華やかさを出したい、でも浮かないポイントメイクが知りたい！

A

おでこを出す！

メイクよりも、まずは引きで見たときのイメージを整えることが肝心。引きで見たとき、いちばん簡単に華やかさを演出できるのは、おでこを出すこと。前髪をアップにして、おでこが見える面積を広げる。それだけで華やか度は急上昇！ そこから、どれくらいの華やかさにするのか考えながらポイントメイクのバランスを考えると浮かないと思います。

A

一点、差すなら絶対アイラインかまつ毛。

ポイントメイク全部を頑張ると浮いちゃうので……、メイクそのものは普段よりちょっとしっかりめにするぐらいが◎。どこかに気合いを入れるなら、アイラインかまつ毛のどちらか。アイラインをしっかり長めに引いて華やかさを増すのは手。あとは白目が見える面積が増えても華やかに見えるので、まつ毛カーラーを使って根元からしっかりまつ毛を上げること！ ちなみに白目が多く見えるぶん充血はNGです(笑)。

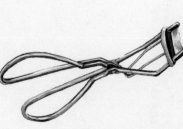

華やかメイクのときこそ、目頭側のまつ毛も余裕で上がる部分用カーラーをフル活用！ ミニアイラッシュカラー 215 ¥800／資生堂

イガリ語録 ギュッとしてる……＝求心的。顔の真ん中に色を寄せ集めるのが可愛い。なぜだか人の目を集めるし、顔が小さく見える効果もある。

Q

アラサーの肌のアラを隠せるツールはありますか？

※こちらは第五章の最後のページです。15ページ後ろのP112からお読みください。

A ブラシは断トツ、コレ！

最近のヒットアイテムをご紹介します！　ファンデーションも、練りチークも、パウダーもなんでもこのメイクブラシでつけています。大小のサイズが揃っていて、大きいブラシは肌の広いところ、小さいサイズは目の下とか口角のキワ用としてフル活用中。あっという間にふわっとなじんで、やさしい仕上がりになるので大のお気に入り！　ほかにおすすめするなら、フラットタイプのアイブロウ用ブラシ。ブラシの毛先全体が肌に対して垂直にあたることが成功のカギ。

ファンデーションを均一に伸ばせ、簡単に上質な肌に。メイクブラシD ¥5820／MONDO-artist

A スクリューブラシはこう使う～♪

眉やまつ毛をとかすスクリューブラシは、大人メイクを仕上げる必需品！　持っていない人はぜひ一本、手に入れたほうがいいと思います。ちなみに、スクリューブラシは柄からまっすぐ伸びているのが普通だけど、私の場合、根元を45°くらい曲げて使います。これはみなさんにもおすすめのテク!!　曲げておくことで、肘をはらない自然な体勢で眉をとかせるし、ブラシ全体で毛流れを整えることができます。眉がうまく描けない、なんて思っている人にこそ「曲げスクリュー」を試してほしい！

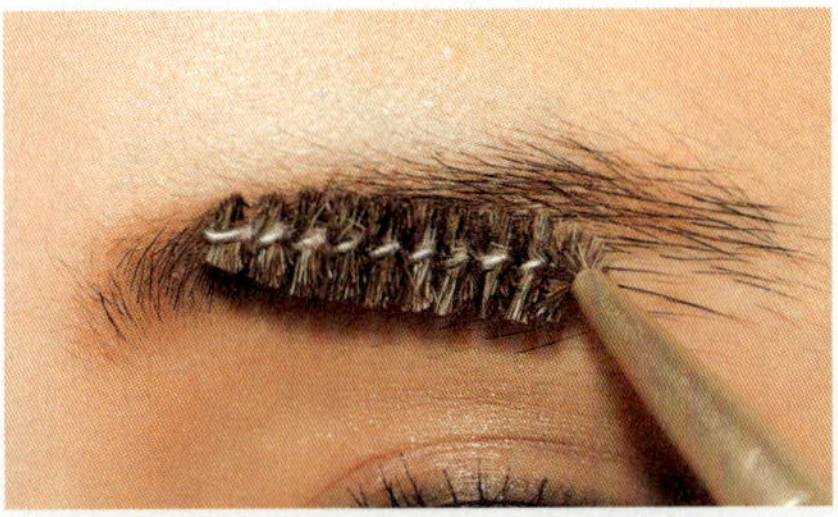

第二章の詳細プロセスのおさらいです～。先を曲げたスクリューブラシで眉をとかすと上手に仕上がります。イガリ化粧では、まつげのマスカラをスクリューブラシにとって、眉も同じ色で揃えます。

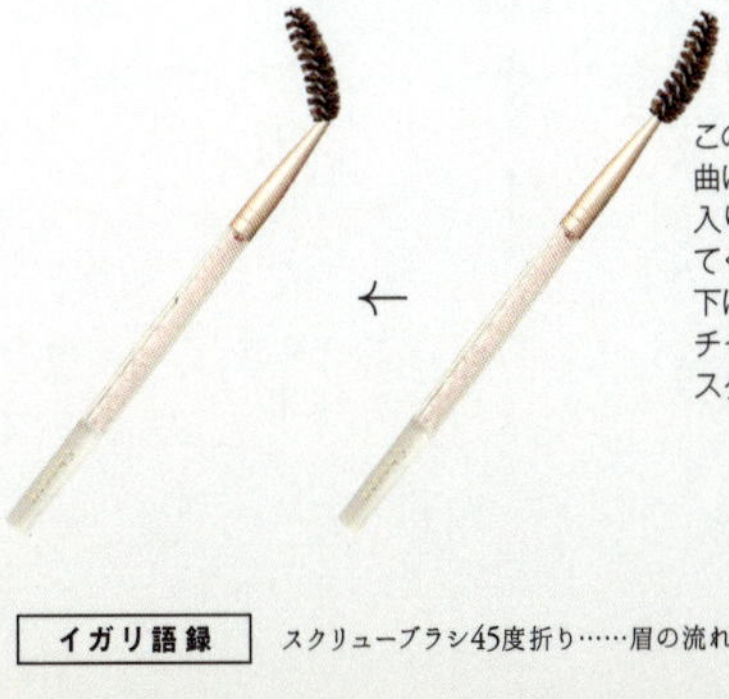

このスクリューブラシは先をぐにゃっと曲げて好きな角度にできるから、お気に入りです。使いやすいから一度試してみてください！　眉頭のほうはそのまま上下に動かして、眉尻側はすーっと流して。チャスティ マイチャーム カーブアップスクリューブラシ¥2500／シャンティ

イガリ語録　スクリューブラシ45度折り……眉の流れを整えるスクリューブラシは、先端を曲げて使うと、使いやすさが格段にアップ。（P041とP097より）